歐陽詢 千字文實記

編著 中齋 申允九

㈜이화문화출판사

歐陽詢千字文 實記를 펴내면서

千字文은 한문의 기본 교육서로서 오랫동안 사용하여 왔으며 지금까지 이어지고 있습니다. 방대하고 심도있는 뜻이 함축되어 있을 뿐만 아니라 서예입문과정에 있어 기초공부에 많이 활용하고 있습니다.

현존하는 歐陽詢千字文은 歐陽詢의 글씨인 것은 사실이나 원본 글자의 字形이 九成宮醴泉銘의 字形과 많은 차이점이 있다고 보입니다. 본 책의 원본은 구양순천자문의 원본 글자를 따르지 않고 구성궁예천명의 글자를 가능한 집자 하였습니다. 그리고 출처가 없는 글자들은 歐陽詢楷書字典과 미술문화원에서 발행한 구양순천자문을 참고 하였습니다.

歐陽詢千字文 實記는 지난 2013년에 초반 발행하였고 금년도에 다시 보완하여 삼판하기로 하였습니다. 본 책의 구성은 실기를 입문하는 초보자들이 쉽게 배우고 익힐 수 있도록 기초획과 기초글자 서예이론 등을 수록 하였으며 격언명구를 집자하여 함께 공부할 수 있도록 추가 하였습니다. 초판에는 실기 동영상 CD를 부록으로 제공하여 공부할 수 있도록 하였습니다. 그리고 서예를 실기를 기본으로 하되 원본과 대조하여 참고 할 수 있도록 편집 하였습니다.

새로 출간하는 책은 실기 동영상 CD를 부록하지 않는 대신에 기초획과 기초글자의 실기 동영상을 다음카페 서예교실에 「구양순천자문실기」 라는 방에 게시하여 언제든지 누구나 동영상을 볼 수 있도록 하였습니다.

당 해서인 구성궁예천명은 필자가 서예를 처음 입문할 때 배우기 시작한 서체이며 40여년간 서예와 인연을 맺고 공부와 지도를 겸하는 동안 늘 가까이 한 서첩중 하나입니다. 실기교재를 펴내면서 글씨는 최선을 다하였지만 아직도 엄정하고 정제된 필획의 글치를 따르기가 쉽지 않음을 느낍니다.

아울러 본 책의 내용과 편집의 미흡한 부분은 書學者 諸賢의 叱正을 충분히 수렴하여 다음 출판 때 보완하도록 하겠습니다.

2020年 9月

中齋 **申允九**

■ 九成宮醴泉銘(구성궁예천명) 基礎劃(기초획)

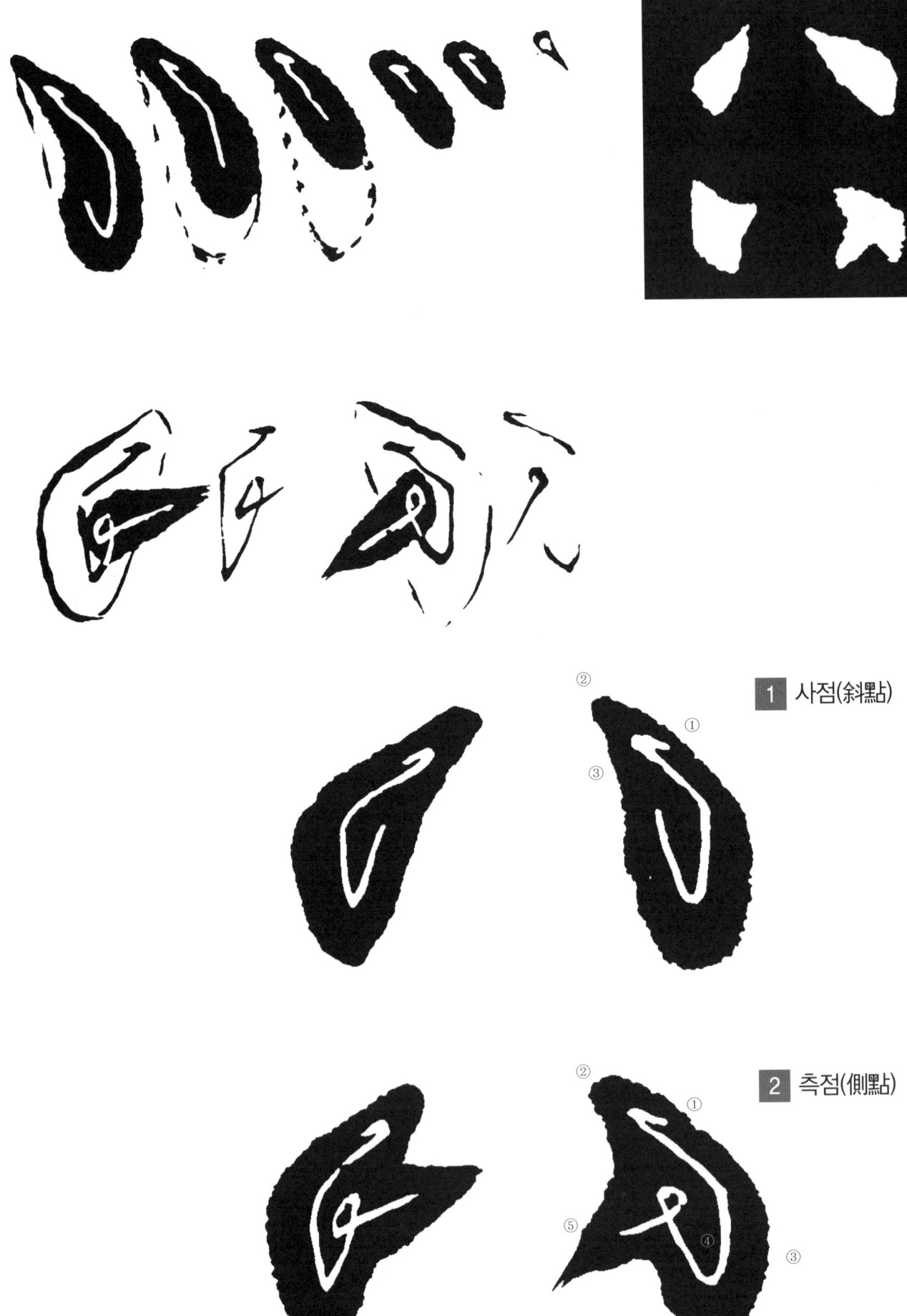

1 사점(斜點)

2 측점(側點)

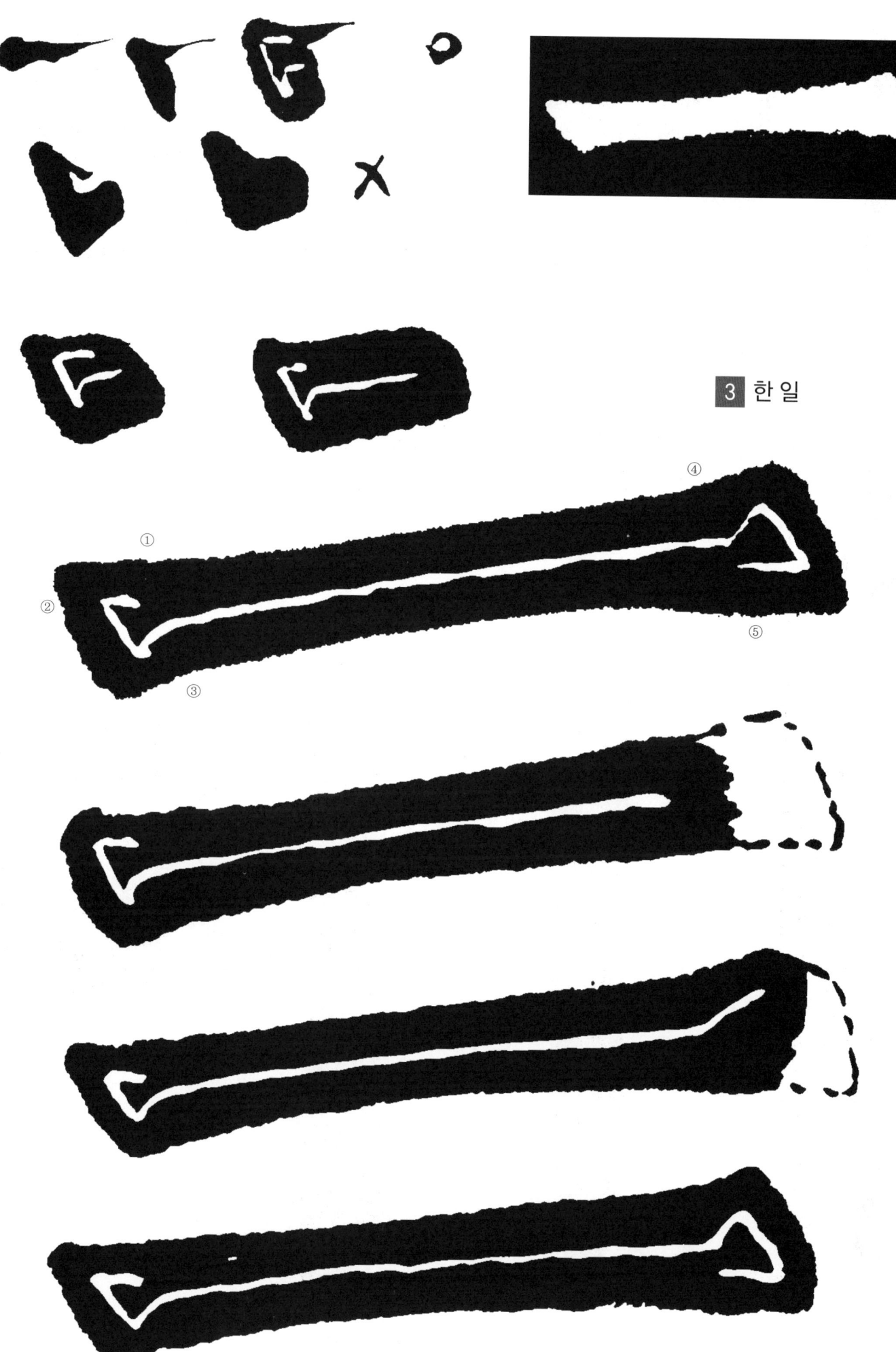

3 한일

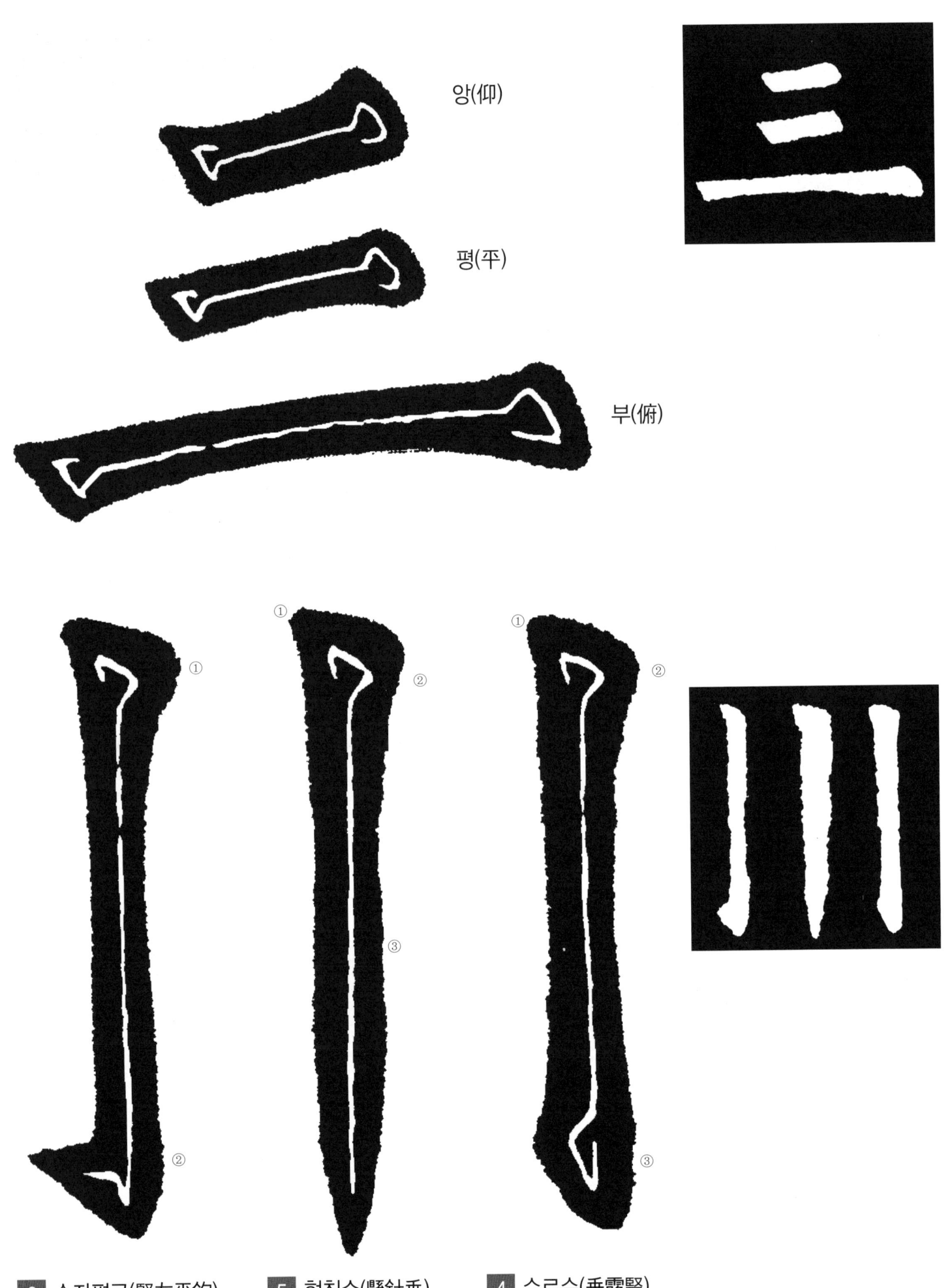

7 횡절(橫折)

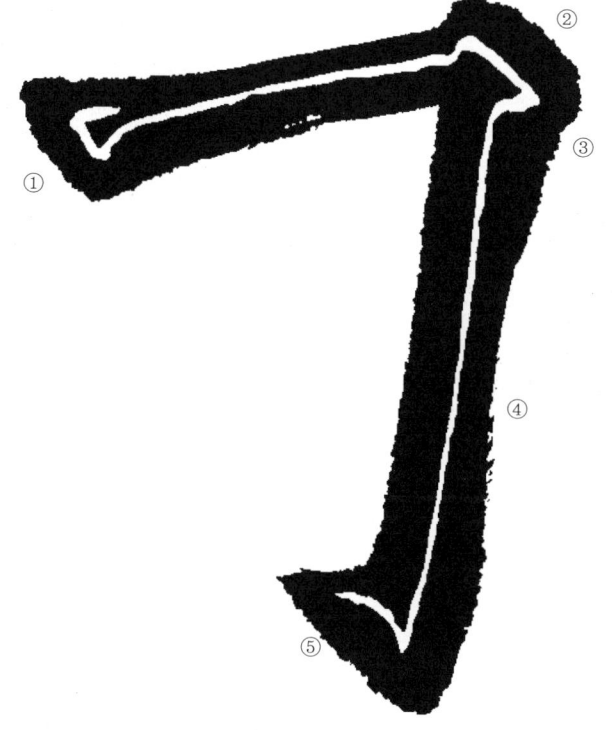

8 사구(斜鉤)

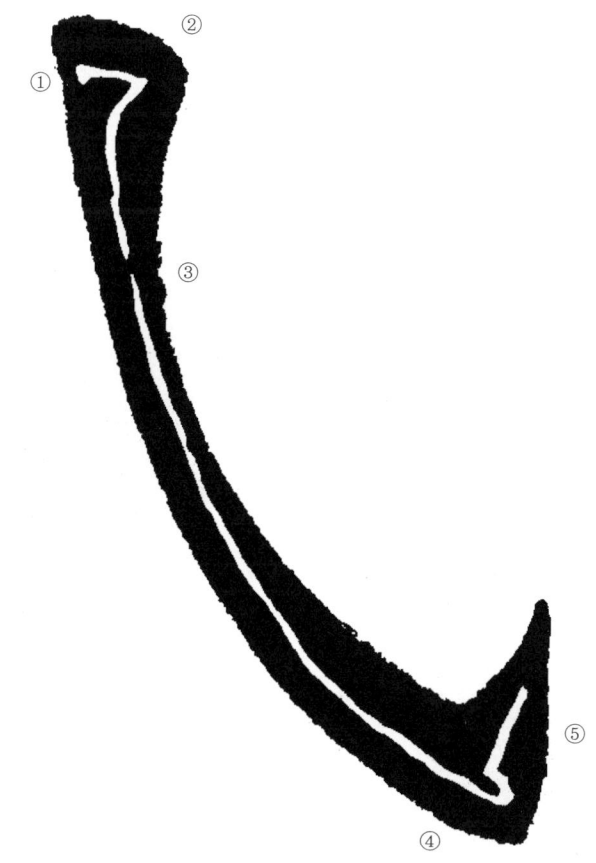

9 우만구(右彎鉤)

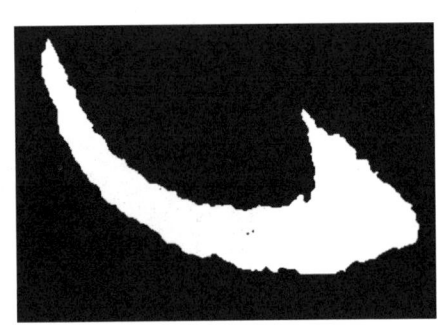

10 횡구(橫鉤)

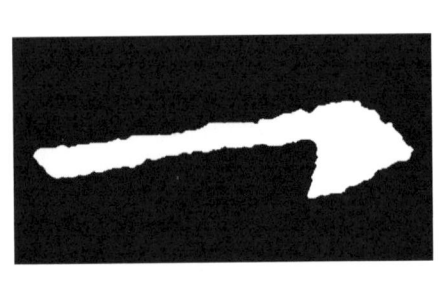

11 삼곡구(三曲鉤)

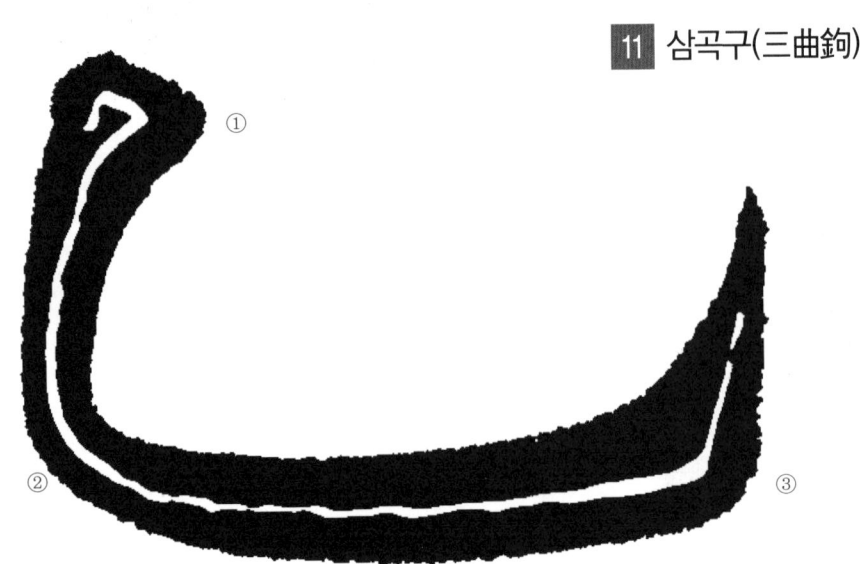
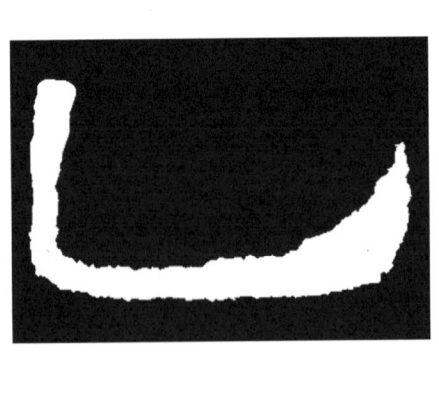

13 수우사구(豎右斜鉤)

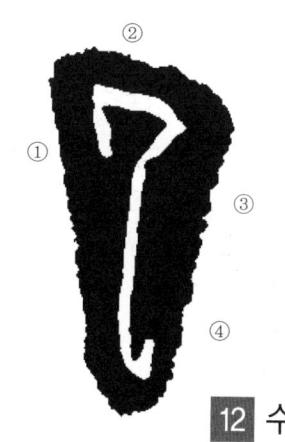

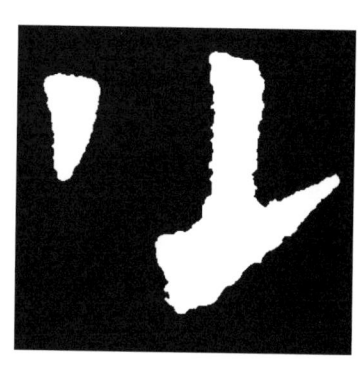

12 수점(豎點)

15 사별(斜撇)

14 사도(斜挑)

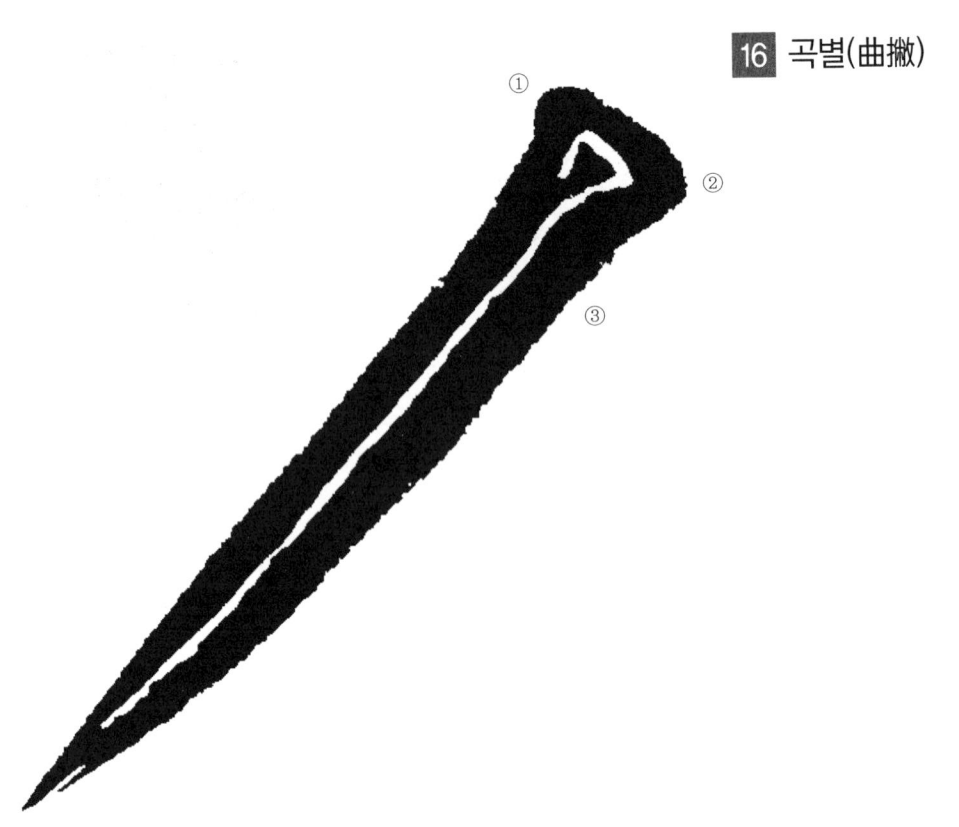

16 곡별(曲撇)

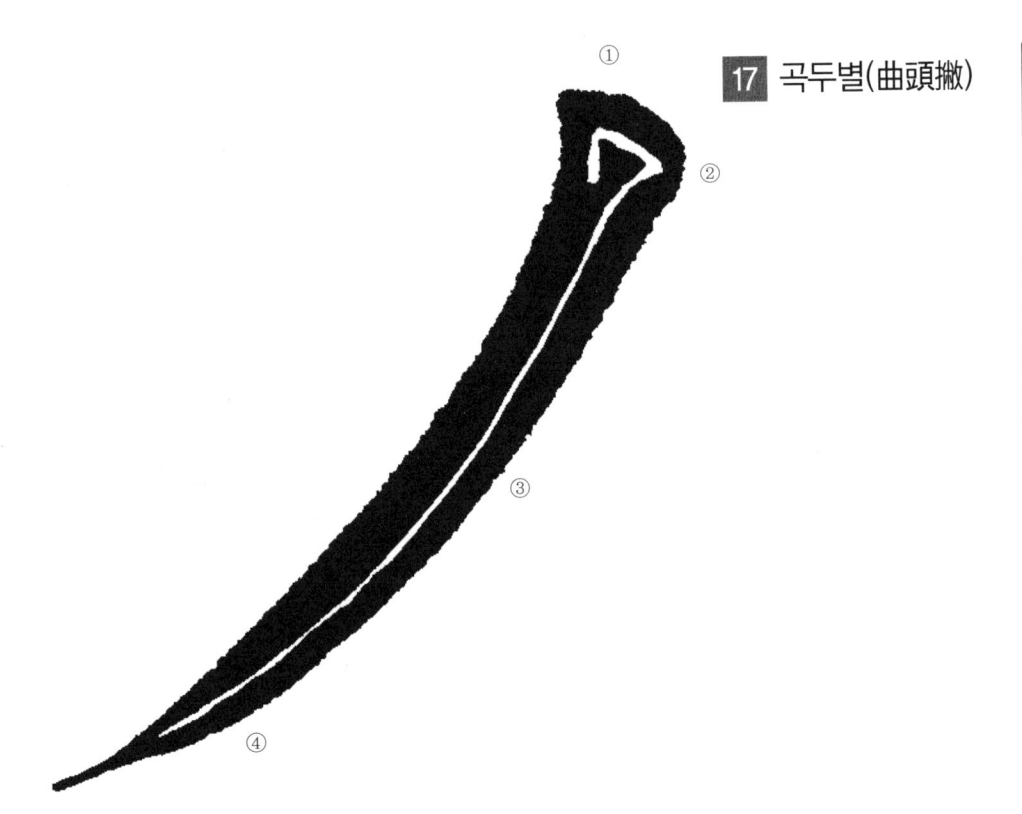

17 곡두별(曲頭撇)

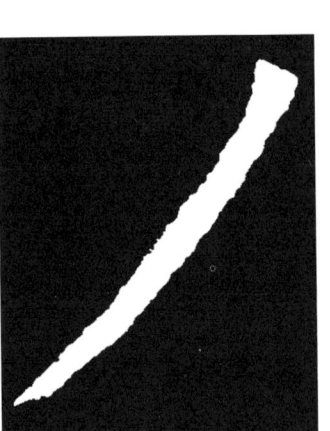

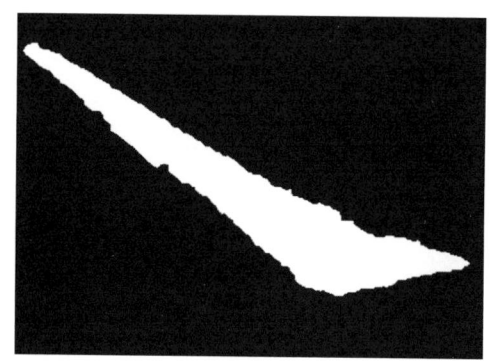
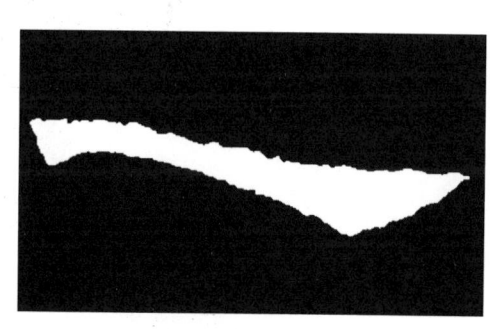

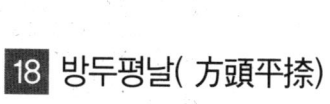
18 방두평날(方頭平捺)

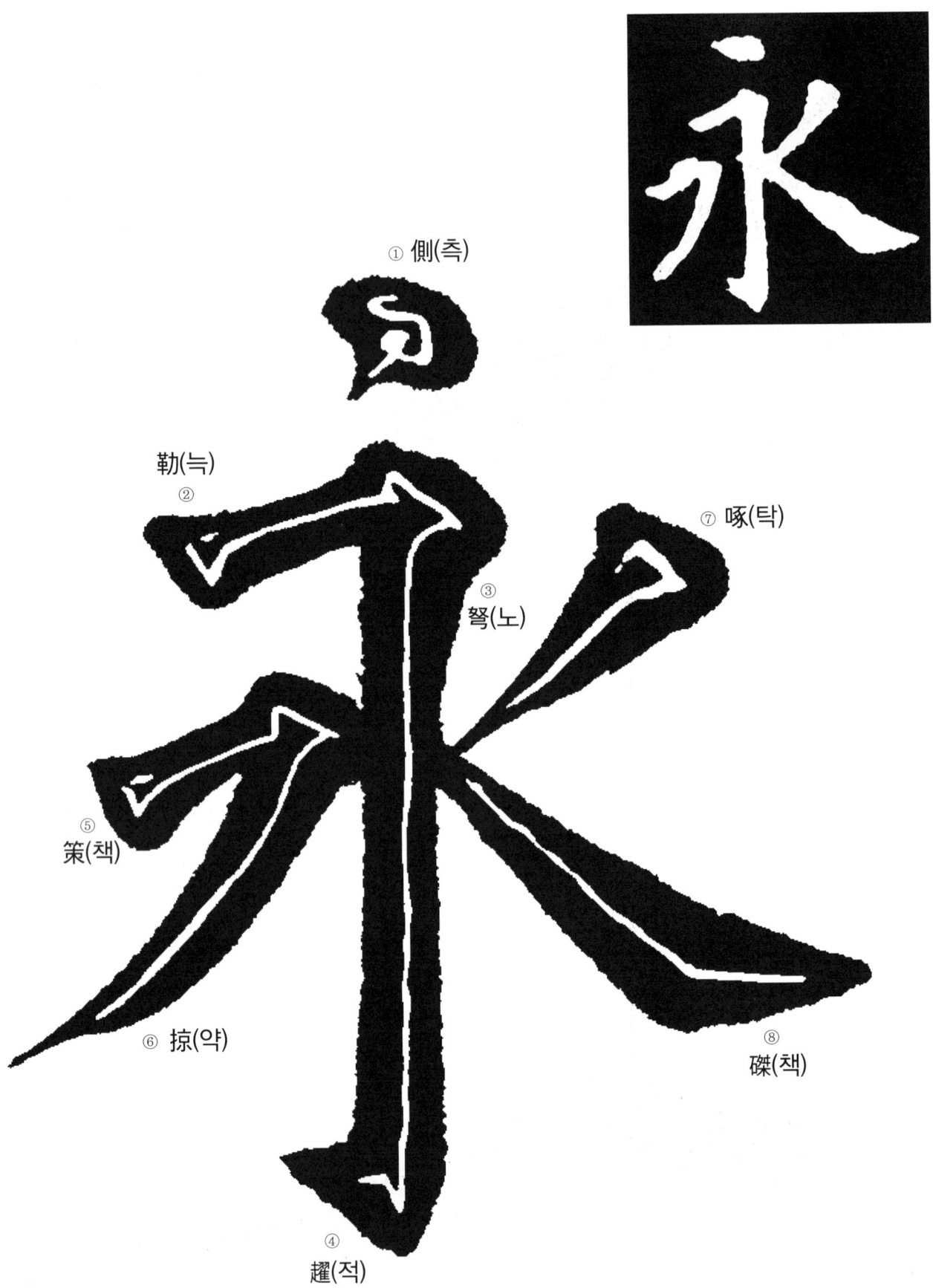

12

■ 九成宮醴泉銘(구성궁예천명) 基礎劃(기초획)

1 사점(斜點)

붓을 처음 댈 때에 은봉(隱鋒)으로 시작하여 삼각형으로 끝마친다. 이때에 붓이 돌아가지 않도록 주의 하여야 한다. 점을 찍는 느낌으로 운필(運筆)하여 붓을 세워서 삼각형으로 그리듯이 하지말고, 어있지 아니하고, 고선(孤線)으로서 오이씨(瓜子)같이 통통해 보인다. 바로 필묵(筆墨)이 넉넉해서 부드럽고 혈육이 풍만하여 입체감을 주고 있다.《神官水 등 字의 點》

① 순봉(順鋒) 起筆하는 곳에 쓰이며, 露鋒과 같은 뜻으로 왼쪽 아래를 향하여 붓을 누르되(按筆∶안필),
② 봉(鋒)을 세워서 아래로 전필(轉筆)하고,
③ 차츰 차츰 붓을 들어(提筆∶제필) 왼쪽 위로 향하여 거둔다(收筆∶수필).

2 측점(側點)

비스듬이 찍는 점으로 영자팔법(永字八法)의 측(側)을 말하는 바 측점(側點)이라 칭하나, 그 까닭은 점을 찍을 때, 붓이 옆으로 들어 가게 되는 특징에서 일컫는 것이다.

① 측(側) : 옆(側)으로 「筆勢(필세)를 취한다」는 뜻이며, 실제로는 붓을 종이에 대어 옆으로부터 끌고 들어 가면 곱게 점이 찍혀지지 못한 다.
② 주(駐) : 붓을 누르지(頓) 않으면서 잘 살피며(審顧∶심고), 움직이는 것으로 頓하기 직전의 형태
③ 돈(頓) : 힘을 鋒에 傾注(경주)하여 종이에 스며들도록 붓을 눌러서
④ 좌(挫) : 붓을 힘껏 누르는(頓) 다음 약간 들어서 鋒이 돌아 움직일 수 (轉動∶전동) 있도록, 頓한 곳에서 떠나는 동작을 말하며, 轉角(전각)이나 치치는(擢∶뽑을 탁)데 사용하는 법이다. 여기서는 다음 5의 동작을 위한 전제가 된다.

⑤ 제(提) : 頓한 다음 붓을 드는 법을 말하는 것으로, 여기서는 일단, 찍은 점에서 다음 획으로 향하기 위하여 치쳐(趯∶적) 나오는 동작으로, 제필(提筆) 필요해졌다. 일반적으로 먼저 낙필(落筆∶붓이 종이에 당아 눌려지는 것)이 있으면, 다음에는 반드시 붓을 들어야(提筆∶제필)한다.

3 한 일

「一(한 일)字는 立鋒(입봉)으로 시작하여 立鋒으로 끝마쳐야 한다. 그리고 처음 시작할 때에 隱鋒(은봉)하여 시작하면서 中鋒(중봉)으로 나아가다가 立鋒으로 끝마친다. 단, 收筆(수필∶획의 끝마침)할 때에 붓끝이 서 있도록 해야 하며, 기필(起筆)과 수필(收筆)하는 곳이 방필(方筆)의 형상을 이루도록 해야 한다.

횡획(橫劃)은 평하며 약간 오른 쪽으로 올리는 듯 한 필세(筆勢)이나, 점차 힘을 더하되 횡획의 중간이 가늘어지지 않는다.《下·夫·年 등 字의 橫劃》

① 봉(鋒)을 거슬러 왼쪽으로 향한다.
② 둔필(鈍筆)하여 鋒을 꺾어서(折) 오른쪽 아래로 향하게 한다.
③ 오른 쪽을 향해서 행필(行筆)함이니, 이것을 평출(平出)이라 표현하고 있다.
④ 약간 머무는(駐주) 듯 하자마자 鋒을 굴려(轉) 오른쪽 아래로 향하며,
⑤ 천천히 왼쪽으로 향해서 붓을 거두는 것으로(收筆) 평획(平劃)은 완성된다.

※「점(點)」이나 「一」字는 글씨를 배우는데 가장 기본이 되는 획이므로 500번 이상 연습하는 것을 기본으로 하되, 열번 그어서 아홉번 이상 잘 나올 때까지 연습하여야 한다.

「三」字의 처음획은 仰(앙)으로서 우러러 본다는 뜻으로 약간 올라가는 느낌으로 하며, 두 번째 획은 平(수평평)으로로서 반드시 하게, 세 번째 획은 俯(숙일부)로 휘어지듯 운필해야 한다.

4 수로수(垂露竪)

수획(竪劃)은 곧은 가운데 굵고, 가는(粗細)변화를 가져와야 할 때에도 변화의 차는 극히 작아서 온정(穩靜)하고도 생동하고 있으며, 노(弩)의 일종의 변화로 일명 상홀(象笏)이라고도 하며, 「軍畢帶」字 등에 쓰인다.

① 鋒을 거슬려(逆) 위로 향하게 하며
② 鋒의 방향을 바꾸어 아래로 향해 내려간다.
③ 너무 붓을 누르지 말고 鋒을 세운 다음 붓끝을 모아 위로 붓을 거둔다. 이때 竪劃 끝이 이슬(露)이 맺힌 형상을 닮았다고 하여 垂露竪라고 말하는 것이다.

5 현침수(懸針垂)

수로(垂露)와 같이 노(弩)의 한 변법으로 「中巾年」字 등에 쓰인다.

① 「宮」자의 수점법(垂點法)과 동일하다.
② 오른쪽으로 향해서 붓을 누른다(提筆:제필·頓筆:돈필)
③ 鋒을 굴려서(轉::전) 붓을 들고 아래로 가되, 수획(竪劃) 끝에 가서는 바늘(針침) 끝처럼 되어야 한다고 하여 현침법(懸針法)이라 부른다.

6 수좌평구(竪左平鉤)

꺾는 劃을 「구(鉤)」라고 하는데, 전절(轉折)하는 것이니 직구(直鉤)에서는 절법(折法)을 쓰되, 이 때 치쳐 나간 다리(脚)가 거의 수평, 곧 구십도 각을 이루어야 하고, 위로 치우쳐서 길게 나가거나, 아래로 처져서는 안된다. 전체 書의 정신은 여기 모여서 나타나기 때문에 가장 주의해야 한다. 이것이 바로 永字八法의 趯法의 원형이다.

① 垂露竪(수로수)의 ①, ②와 동일하다.
② 봉을 꺾어 왼쪽 앞으로 치쳐냄이니, 곧 영자팔법(永字八法)의 적(趯)으로 「칙(則)」字 끝의 鉤와 같은 것은 비교적 짧다.

7 횡절(橫折)

횡획(橫劃)과 같이 점점 힘을 써서 오른쪽으로 향하여 行筆한다.

① 힘을 조금 더 하는 듯 하다가 鋒을 돌려(轉鋒:전봉) 아래로 가게 한다. 여기서 주의해야 할 것은 붓을 꺾을 때, 筆鋒이 가만히 굴려(暗轉:암전) 아래로 향해가는 법이니, 이렇게 하여야만, 밖은 둥글고, 안이 모지는(外圓內方::외원내방) 형상으로 나타나게 된다. 이것은 곧 永字八法의 勒(늑)에서 弩(노)로 꺾이는 경우와 같다.
② ㅇ으로 방향을 잡고
③ ㅇ의 허리를 약간 가늘게 하여 탄력을 주어야 한다.
④ ㅇ에서 45도 정도의 방향으로 왼쪽으로 약간 틈었다가 붓을 세우면서 거둔다.

※ ④ 아래는 수좌평구(竪左平鉤)와 동일하다.

8 사구(斜鉤)

일명 從弋鉤, 飛雁이라고도 해서 弋, 成, 式 등 字에 쓰인다.

① 역봉(逆鋒)으로 왼쪽 위로 향한다.
② 鋒을 꺾어서 오른쪽 아래로 향하고
③ 돈필(頓筆)로 오른쪽 아래로 향하고
④ ㅇ으로부터 내려온 필세(筆勢)보다 오른쪽인 아래로 약간 정주(停駐)한 다음 느리게 위를 향해서 구출(鉤出)하되, 너무 빠르지 않도록 유의해야 하며, 또 구첨(鉤尖 뾰족할첨)은 거의 구십도각을 이루어야 하는 것이니, 왼쪽에 치우치면 온중(穩重)하지 못해진다.

9 우만구(右彎鉤)

일명 橫弋鉤(횡익구), 또는 龍尾(용미)라고도 칭한다. 心字
① 筆鋒이 종이에 닿자 힘을 써서 붓을 억제하여 孤形(고형)에 유의하되, 가만히 行筆하고 가는데로 붓을 눌러(按筆)야 한다.

② 한번 아래 쪽으로 停駐(정주)해서 힘을 들여 왼쪽 위로 鉤末(구말)은 왼쪽위로 치쳐지며, ①에서 ②에 이르는 孤度(고도)와 배합이 되게 하려면, 孤와의 내각을 좁히도록 주의하여야 한다.

10 횡구(橫鉤)∷갓머리(宀)

① 平劃(평획)과 동일하다.
② 頓筆(돈필)하여 오른쪽 아래로 향한다음 鉤出(구출)하되, 너무 길지 않아야 하며, 橫과의 각도를 45도 이내로 좁혀서는 안되며, 너무 길지 않도록 주의하여야 한다.

11 삼곡구(三曲鉤)∷乙, 九 등의 字

① 垂露竪(수로수)의 시작획과 동일하다.
② 방향을 둥글게 타원을 그리듯이 붓의 방향을 바꾸어준다. 이때 붓이 돌아가서는 안된다.
③ 점차 획이 굵어지면서 위로 붓을 모아 세우면서 힘차게 뽑아낸다.

12 수점(豎點)∷갓머리(宀)의 첫 點

① 鋒을 거슬러서(逆) 위로 향한다. 이 방법을 역봉(逆鋒)이라 하니, 기필(起筆)하는 곳에 쓰이며, 장봉(藏鋒, 隱鋒∷은봉)이라 한다.
② 붓을 누르는대로 鋒을 돌려 아래로 향하여 행필(行筆)한다.
③ 천천히 붓을 들어 세워서 鋒을 모아 위로 향하여 붓을 거둔다.(提筆제필) 위로 향해서 붓을 거둔다.(收筆수필)

13 수우사구(豎右斜鉤)

일명 탑구(搭鉤)라고도 하는 이 筆法은 「長, 辰」등 字에 쓰이며, 右로 길게 치는 법이다.

① 수로수(垂露竪)의 방법과 동일하다.

14 사도(斜挑)

① 鋒을 거슬려(逆鋒) 왼쪽으로 향하게 한다.
② 鋒을 꺾어(折) 오른쪽 아래로 頓筆(돈필)한다.
③ 頓筆한 다음 붓을 세우되, 다만 오른쪽 위로 치쳐 낼(挑出∷도출)때, 偏劃(편획)이 되거나 脫鋒이 되어서는 안되며 中鋒으로 붓을 모아 뽑아내야 한다. 이때 획의 끝마칠 때 붓끝이 서있도록 해야 함(立鋒∷입봉)

15 사별(斜撇)

① 鋒을 거슬러서 왼쪽 위로 향하게 한다.
② 오른쪽 아래로 붓을 누르고 頓筆(돈필)한다.
③ 약간 눌렀다가 (頓) 삐쳐 내는데, 붓은 끝까지 따라가야 한다. 만약에 붓이 한쪽으로 치우쳐 가거나, 붓을 치우치게 들거나 하면, 삐친 끝 撇末(별말)이 곱게 뾰쪽하고 가늘 수 없으며, 또한 撇末(별말)의 하반부가 떨어져 나가서 힘없는 것이 된다.

16 곡별(曲撇)

① 逆鋒(역봉)으로 왼쪽 위로 향한다.
② 오른쪽으로 향해서 頓筆한다.
③ 손과 팔의 힘으로 붓을 눌러(制御∷제어)가며 천천히 삐쳐 내되 曲勢(곡세)를 취하고, 처음에는 굵으나, 그 힘으로 가늘게 하여 더디게 지나가야 한다.

17 곡두별(曲頭撇)

① 순봉(順鋒)으로 왼쪽 위에서 오른쪽으로 향해야 한다.
② 봉을 꺾어서(折) 왼쪽 아래로 향할 때, 붓을 세우지 않으면, 편필(偏筆)이 됨에 주의하고
③ 점점 붓을 들어 일으키되, 별말(撤末)이 뾰족하고 둥글어야 하며, 너무 길지 않게 해야 한다.
④ 가볍게 붓을 들어 일으키되, 撤末(별말)이 뾰족하고 둥글어야 하며, 너무 길지 않게 해야 한다.

18 방두평날(方頭平捺)

① 역봉(逆鋒)으로 왼쪽 위를 향하고
② 봉을 꺾어서(折) 아래로 향하되, 약간 頓筆(돈필)해야 한다.
③ 붓을 조금 들어 필획(筆劃)이 짧은 弧形(고형)이 되게 하고,
④ 오른쪽 아래로 점점 붓을 눌러서(按筆 : 안필) 느릿 느릿 行筆(행필)한다.
⑤ 오른쪽 앞으로 향하여 느리게 붓을 들되, 捺脚(날각)은 둥글고 뾰족해야 함은 모든 捺과 같다.

「九成宮醴泉銘(구성궁예천명)」 結體(결체)의 特點(특점)

「九成宮醴泉銘」의 결체의 특점으로 주요한 것은 바로 平正(평정)하면서 陰勁(음경)한 것이다. 언뜻 보기에 준수하면서 길고 근엄한 結體形態(결체형태) 이어서 평온하고 단정함을 충분히 느끼게 된다. 그러나 한걸음 더 나아가 點劃(점획)의 配搭(배탑) 관계와 結構(결구) 단위의 조합을 관찰하면, 平正하고 當中(당중)한 곳에 險節(험절)한 것을 느낄 것이다.

歐陽詢體(구양순체)를 배울 때, 다만 四面이 고르거나, 八方이 구비하다는 말만 들고, 算子(산자)를 늘여 놓은 듯이 써서는 안된다. 반드시 신중히 살피고, 미세한 곳까지 관찰하여 묘체를 발견해서 배위야만 확실하고 氣韻이 생동하게 됨에 더욱 주의해야 한다.

※ 九成宮醴泉銘의 筆劃은 십중팔구가 方筆이며, 나머지 1, 2는 圓筆이다. 곧 기필(起筆 : 획의 시작)과 수필(收筆 : 획의 끝)하는 곳이 방필의

영자팔법(永字八法)

永字八法은 「永」자 속에 있는 여덟 가지의 기본점획을 말한다.

① 側(측)은 모든 「점」의 기본이며, 가로로 눕히지 않는다.
② 勒(늑)은 가로 긋기이며 수평을 꺼린다.
③ 弩(노)는 내려 긋기이며 곧바로 내려 힘을 준다.
④ 趯(적)은 갈고리이고 송곳같은 세력을 요한다.
⑤ 策(책)은 치침이며 우러러 거주면서 살며시 든다.
⑥ 掠(약)은 빼침이로서 왼쪽을 가볍게 흘겨준다.
⑦ 啄(탁)은 짧은 빼침이로서 높이 들어 빨리 빼친다.
⑧ 磔(책)은 파임이고, 고요히 대어 천천히 옮긴다.

형상이며, 횡획(橫劃)에 있어 약간 사각(斜角 : 下·夫字 등의 횡획)을 이루고, 전(轉)과 절(折)하는 곳이 방필이나, 그런 가운데에도 圓筆的 요소를 띠고 있어, 모지고 굳세면서 온화하고 관후(寬厚)하다. 이야말로 일방적으로 살찌(肥)거나 파리(瘦)하지 않은 중간상태 이어서 뼈(骨)와 살(肉)이 고르다.

九成宮醴泉銘 基礎字

天地玄黃 宇宙洪荒 日月盈昃 辰宿列張 寒來暑往 秋收冬藏 閏餘成歲 律呂調陽 雲騰致雨 露結為霜 金生麗水 玉出崑岡

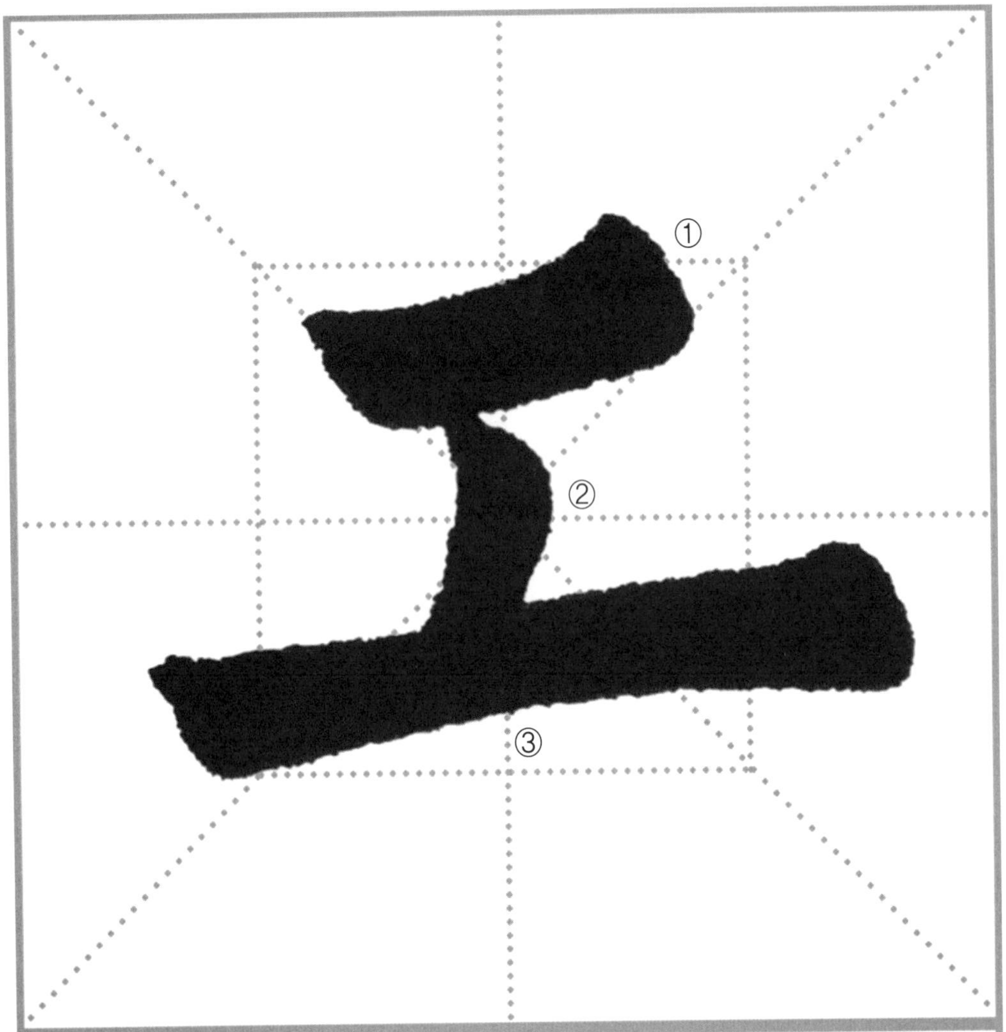

工 장인 공

正 바를 정

方 모방

也 어조사 야

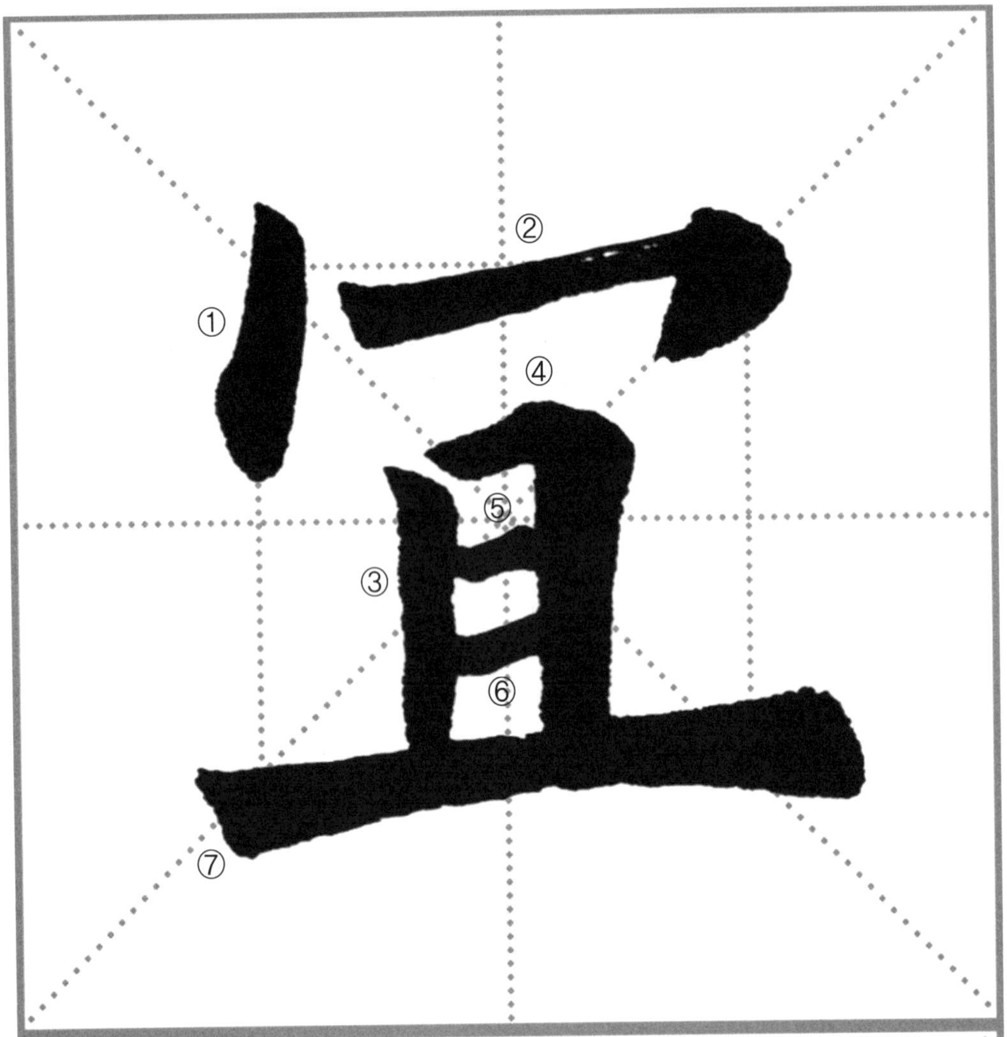

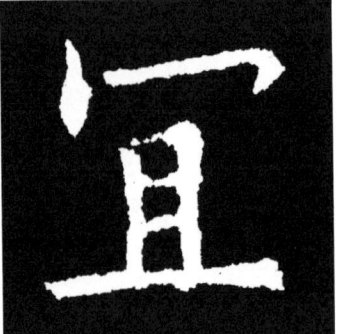
宜 마땅 의

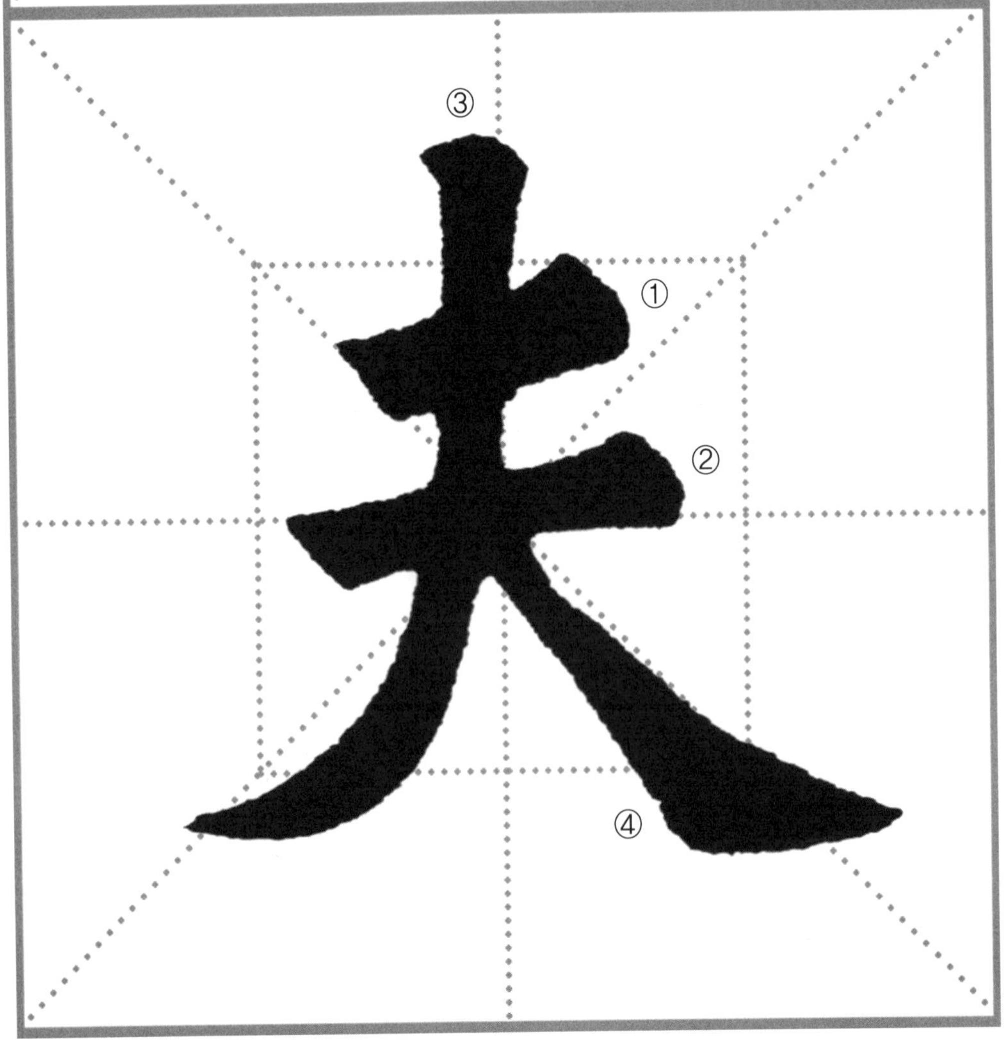

夫 남편 부

心 마음 심

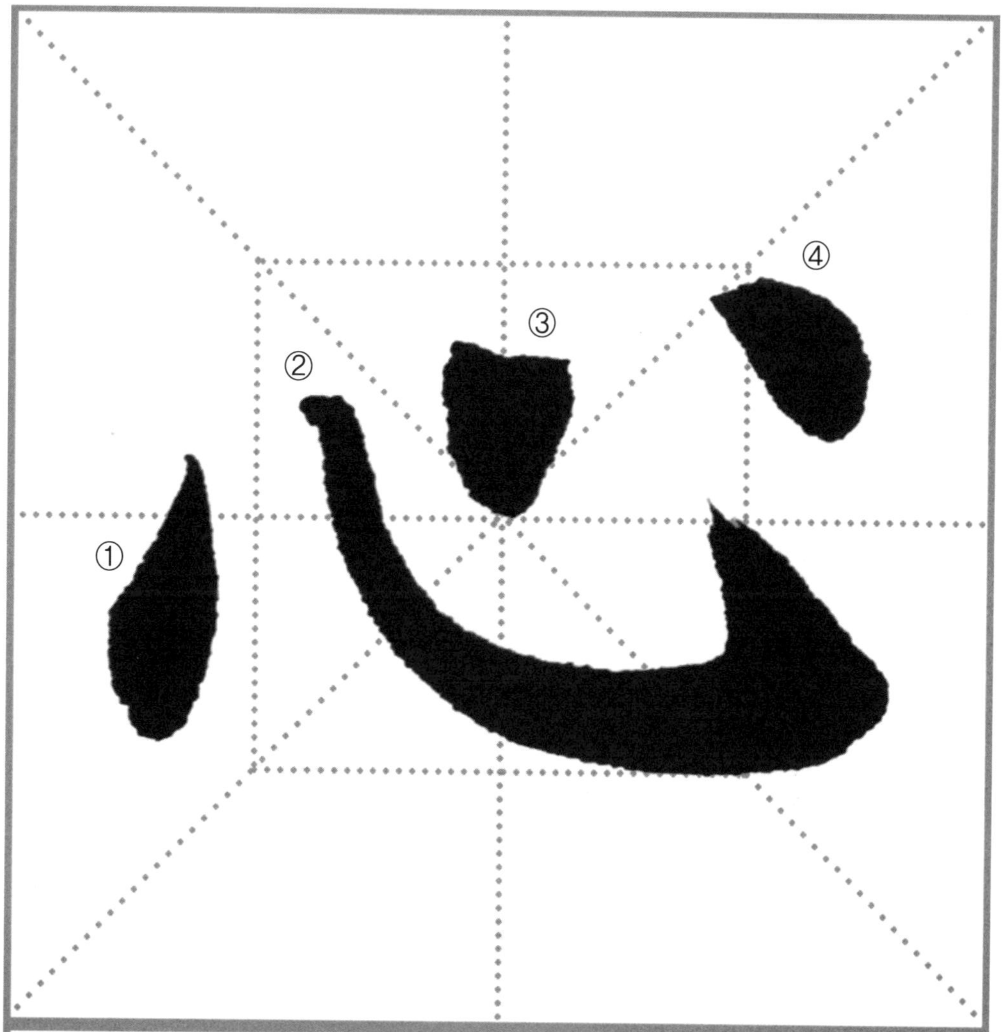

代 대신할 대

必 반드시 필

乎 어조사 호

22

沈 잠길 침

同 한가지 동

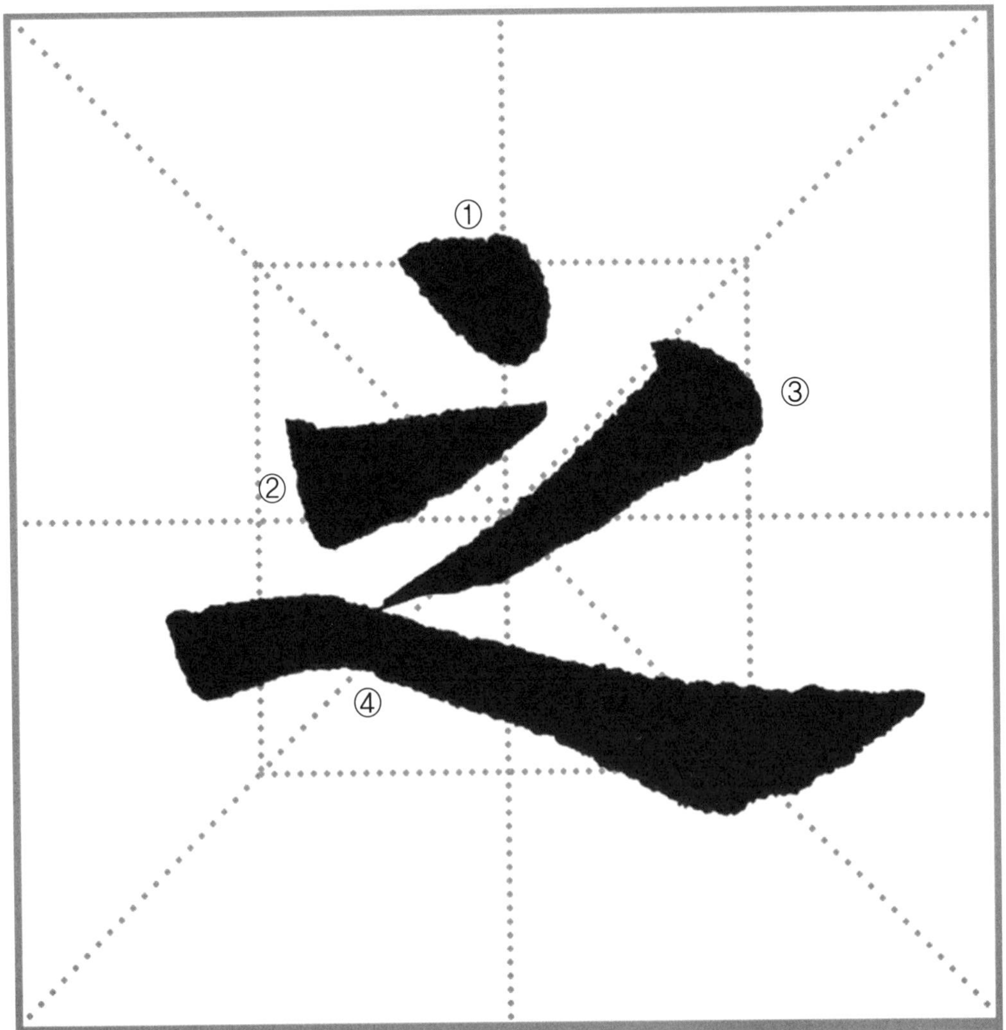

之 갈 지

功 공로 공

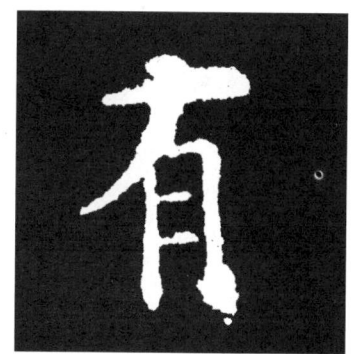

有 있을 유

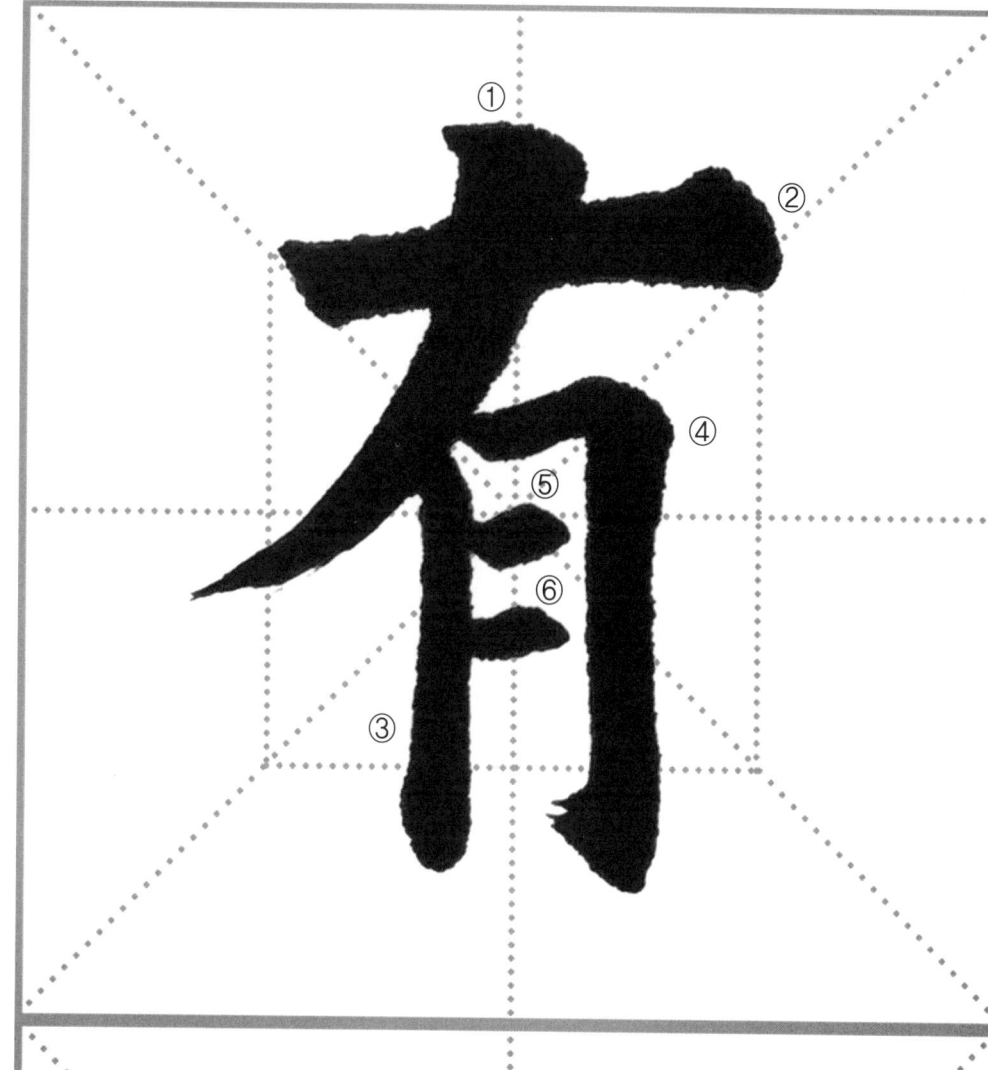

史 역사 사

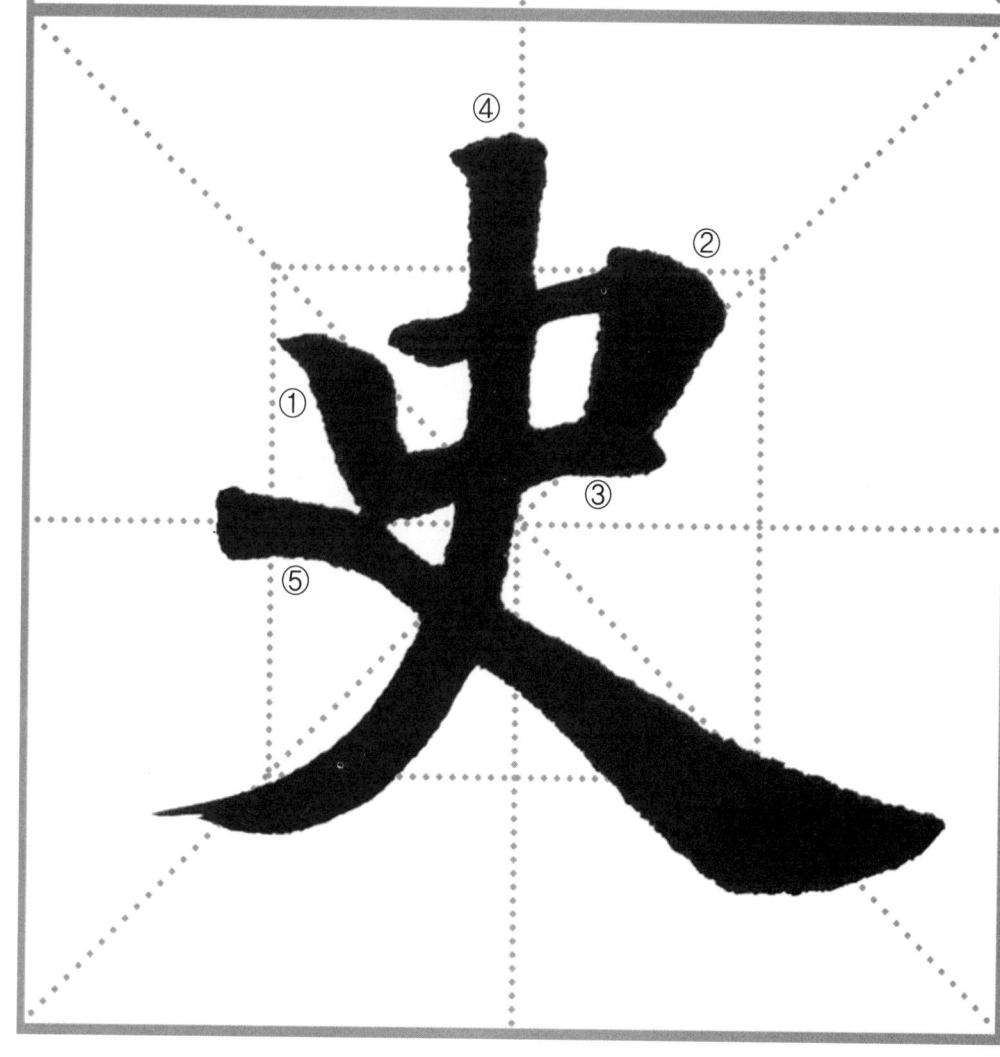

武 호반 무

問 물을 문

者 놈 자

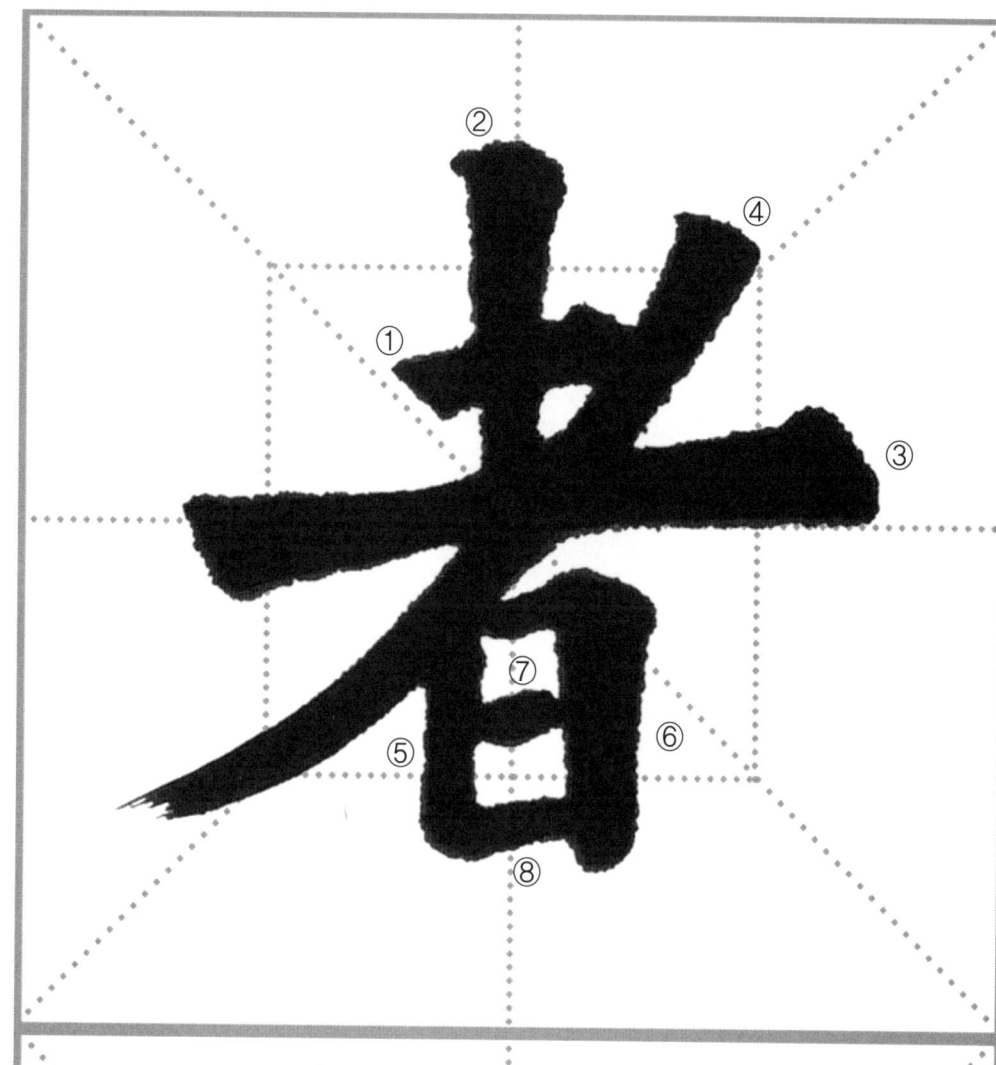

敢 감히 감

神 귀신 신

惟 오직 유

風 바람 풍

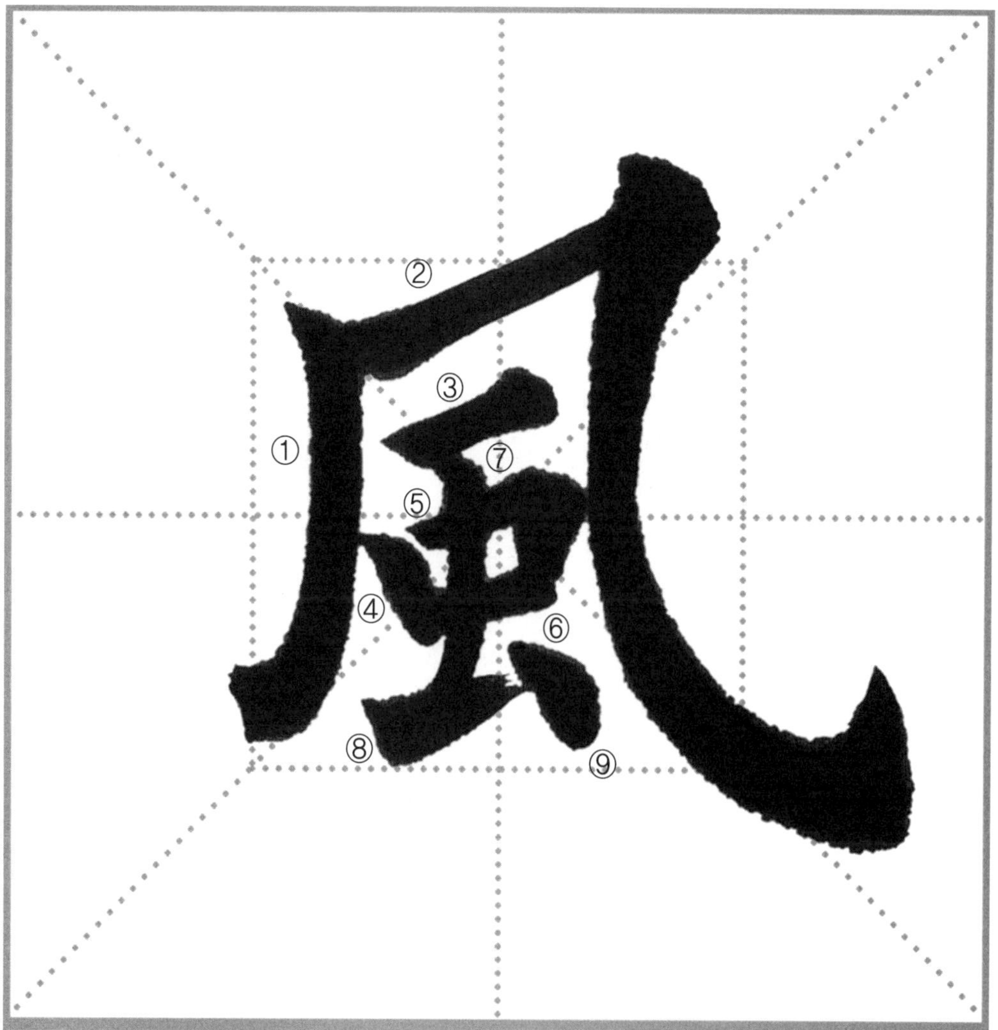

東 동녘 동

金 쇠 금

萬 일만 만

耕 밭갈 경

咸 다함

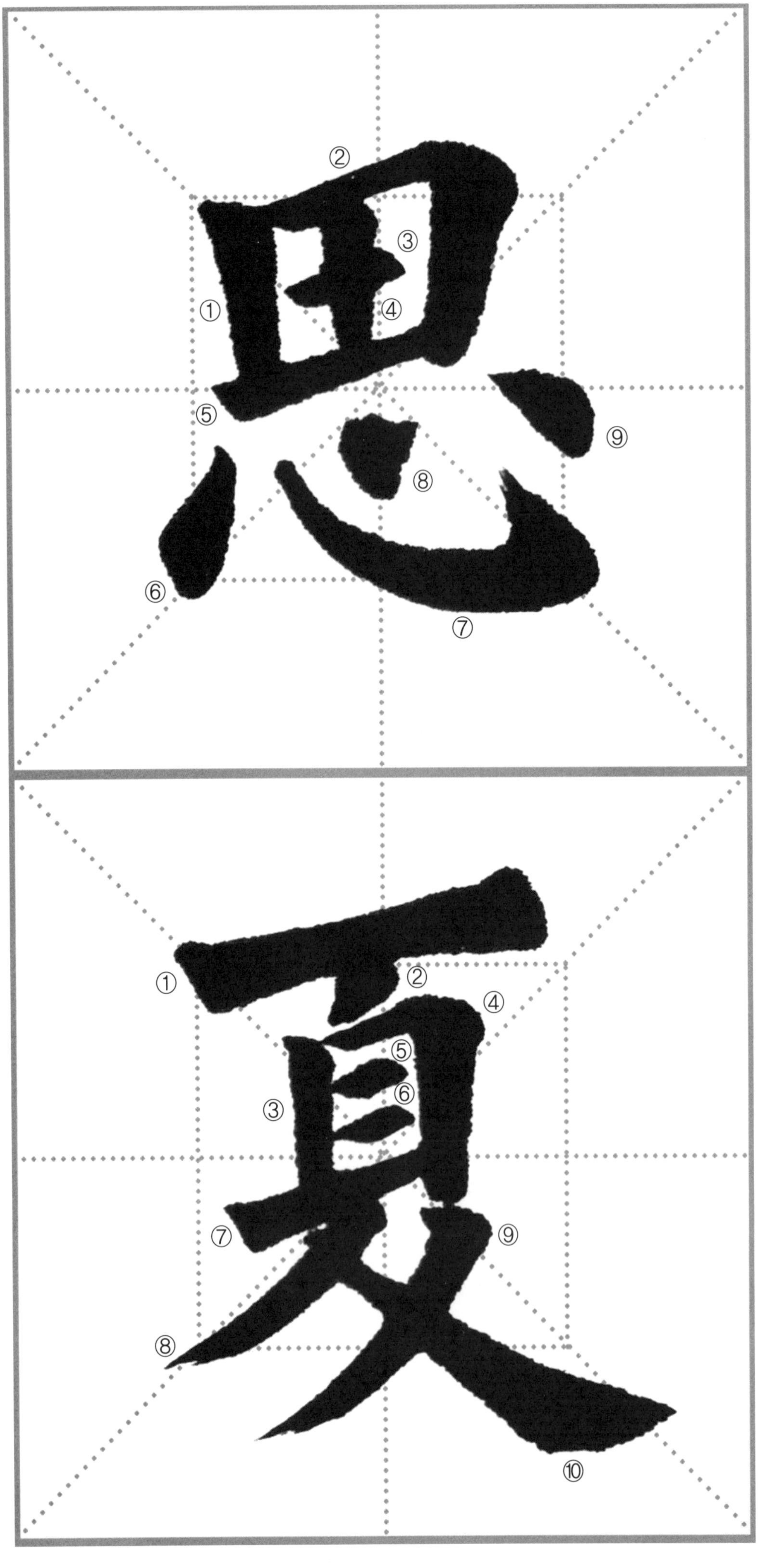

思 생각 사

夏 여름 하

道 길 도

德 덕 덕

九成宮醴泉銘 格言集字

修身齊家 守分自足　수신제가 수분자족
不求榮名 孝友純篤　불구영명 효우순독
敦睦親戚 善隣親交　돈목친척 선린친교
勤儉恒貧 齊家有度　근검항빈 제가유도
接人必恭 志操凜然　접인필공 지조능연
窮理經典 不取名利　궁리경전 불취명리

修身하여 가정을 다스리며 분수를 지켜 스스로의 처지에 만족하라
영화나 명예를 구하지 말고 효도하고 우애하는 것을 돈독히 하라
친척들과 화목하고 이웃들과 사이좋게 지내라
근면하고 검소하고 가난한 사람을 구제하며 가정을 다스리는데 법도가 있어야 한다.
남을 대할때에는 반드시 공손하며 지조는 의연히 꿋꿋하라
경전의 이치를 잘 연구하고 명예와 이익을 취하지 말라

修 닦을수

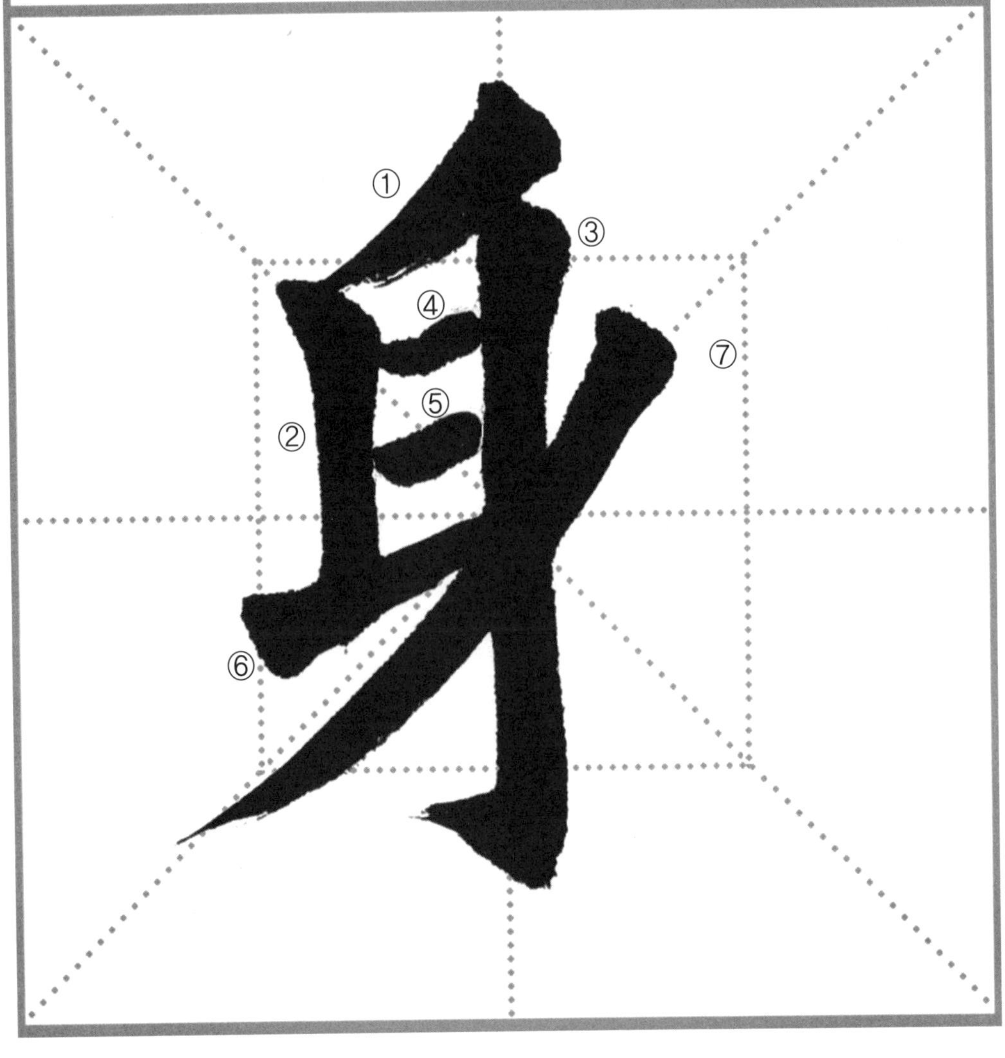

身 몸신

齊 가지런할 제

家 집가

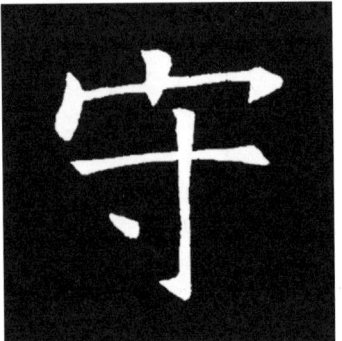

守 지킬 수

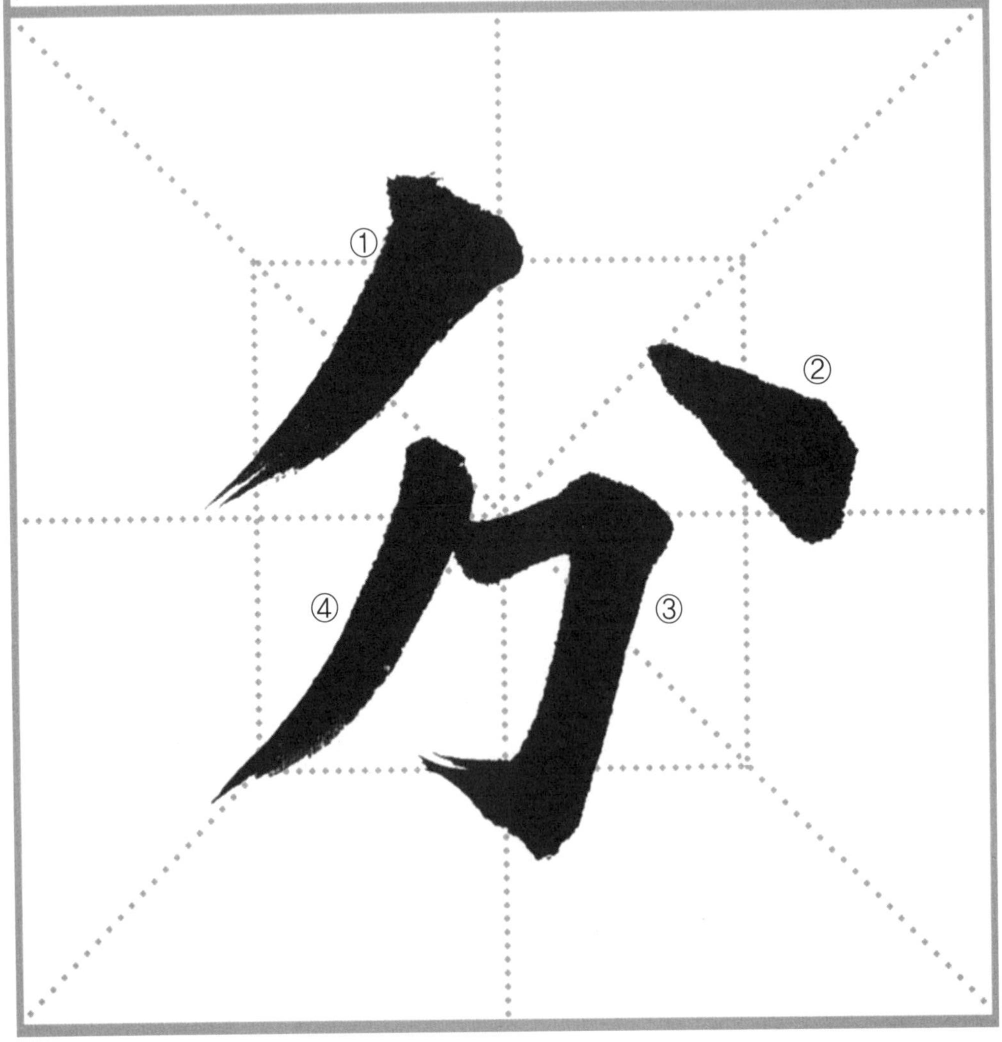

分 나눌 분

自 스스로 자

足 발 족

不 아니 불

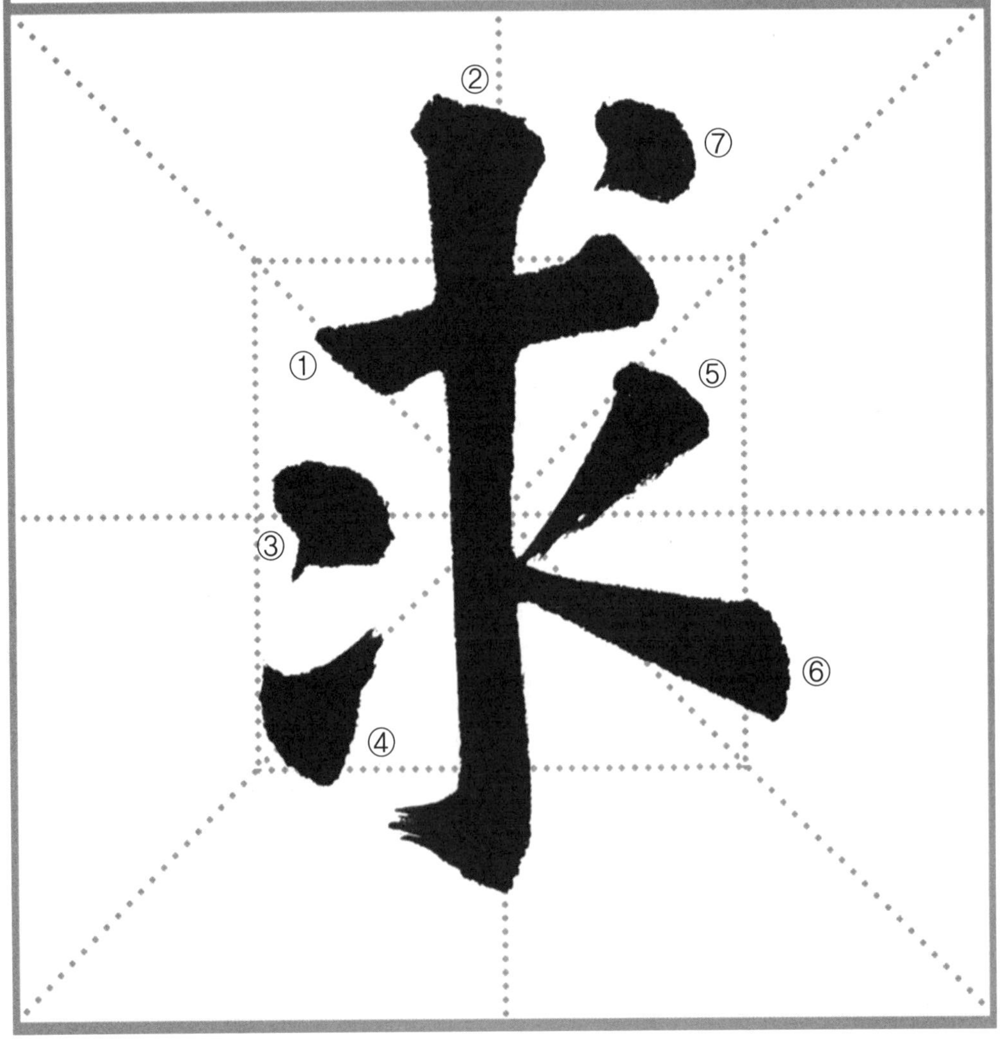

求 구할 구

40

榮 영화 영

名 이름 명

孝 효도 효

友 벗 우

42

純 순수할 순

篤 도타울 독

敦 도타울 돈

睦 화목할 목

親 친할 친

戚 겨레 척

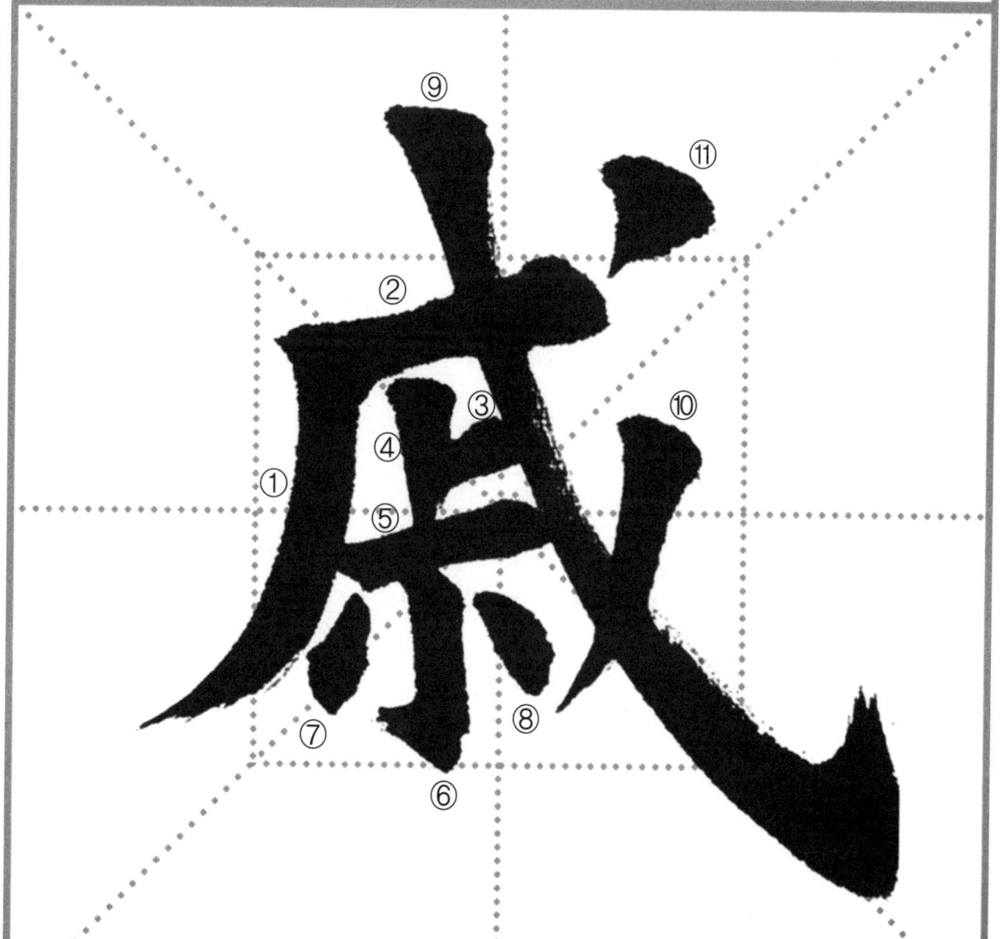

善 착할 선

隣 이웃 린

親 친할 친

交 사귈 교

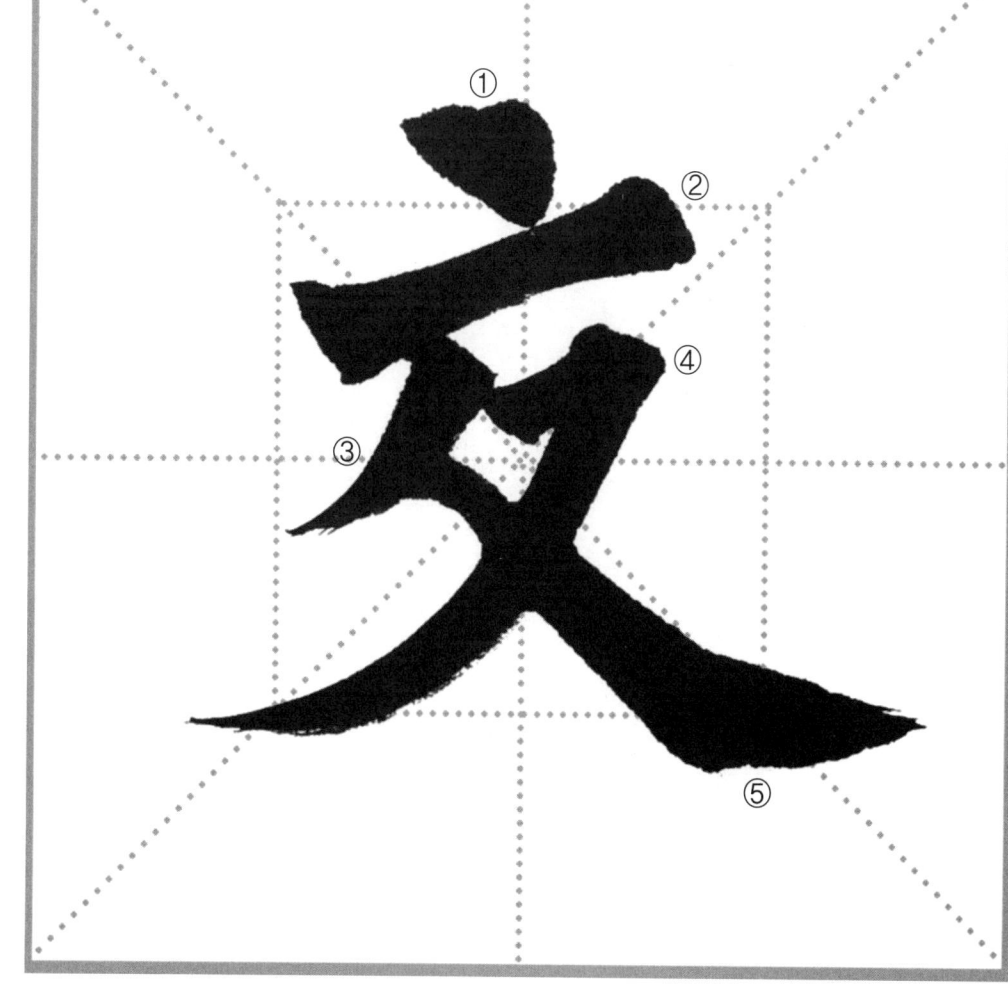

勤 부지런할 근

儉 검소할 검

48

恒 항상 항

貧 가난 빈

齊 가지런할 제

家 집 가

有 있을유

度 법도도

接 사귈 접

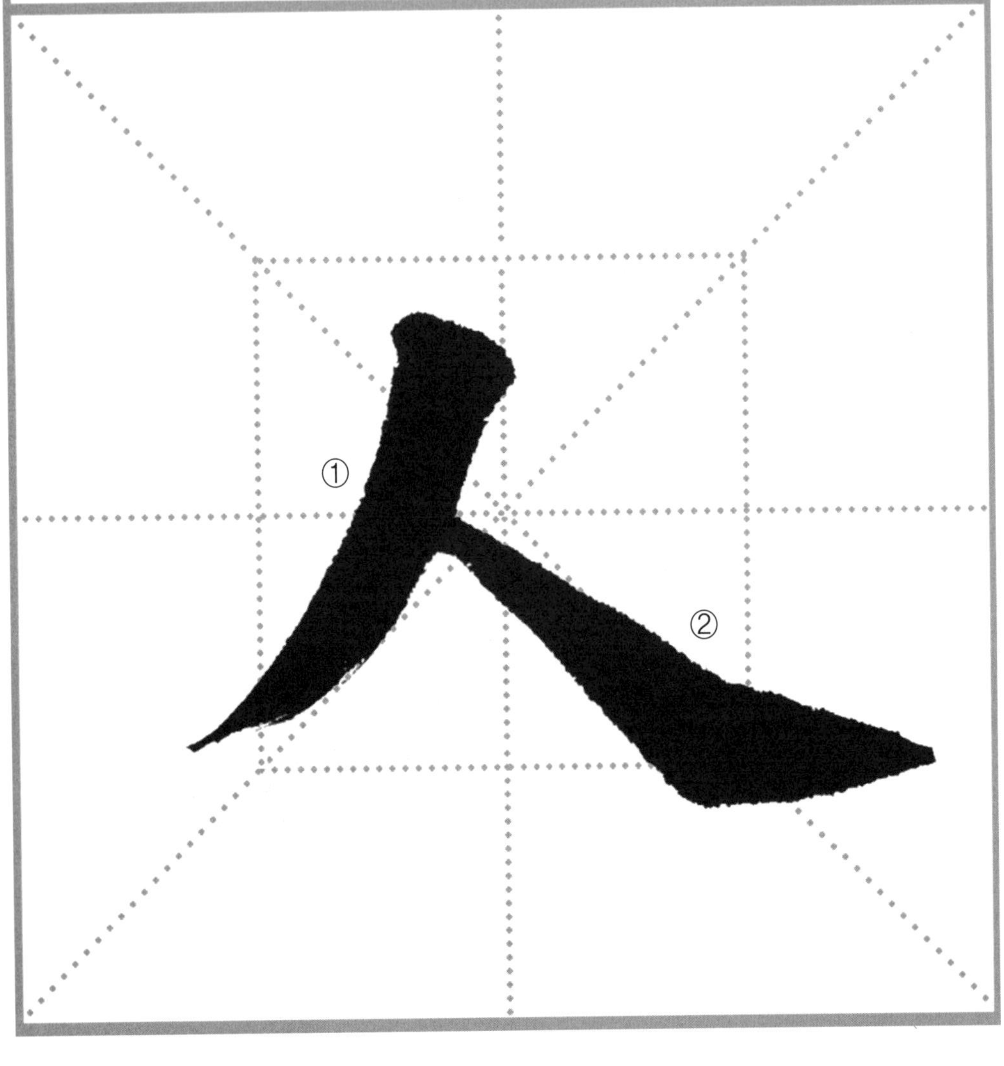

人 사람 인

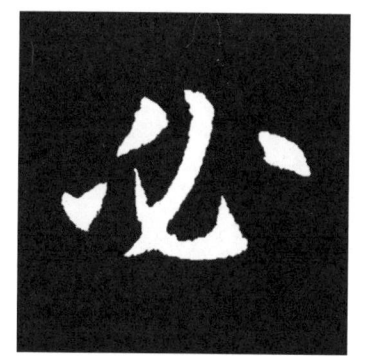

必 반드시 필

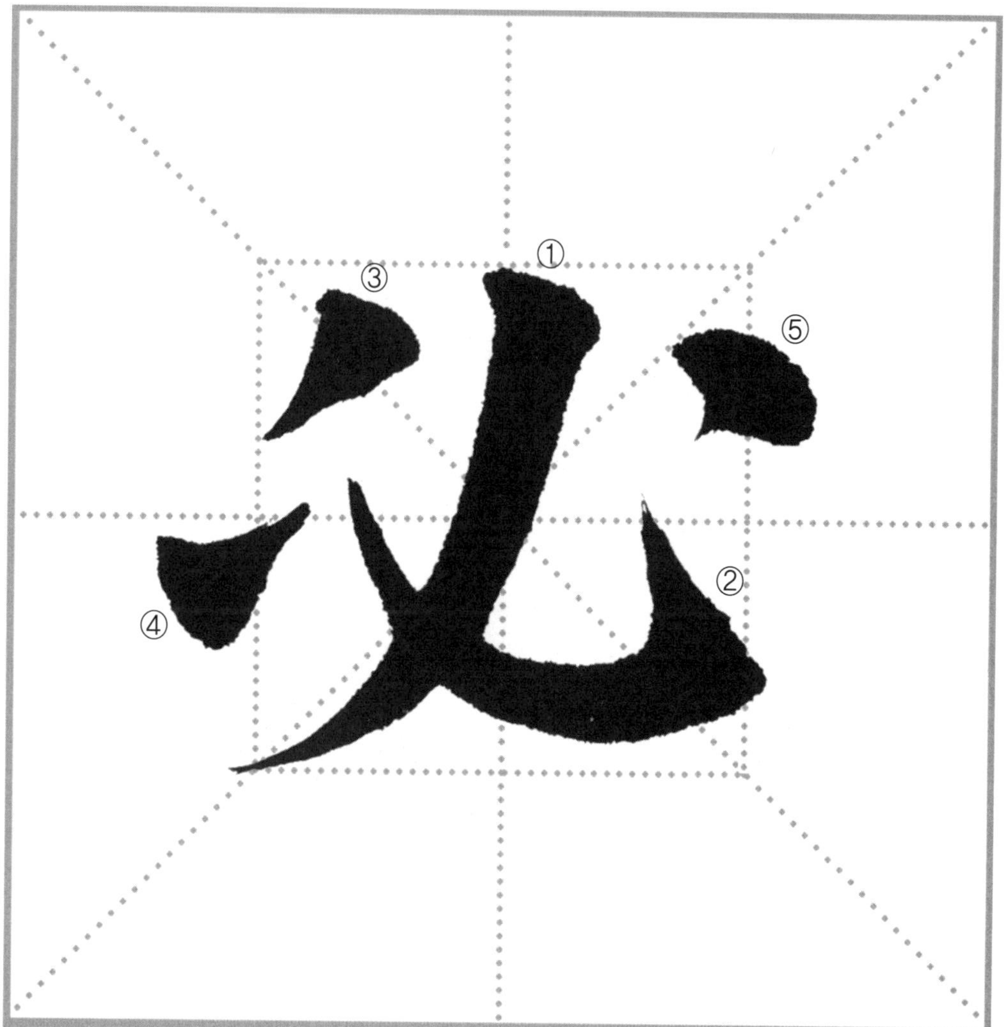

恭 공손할 공

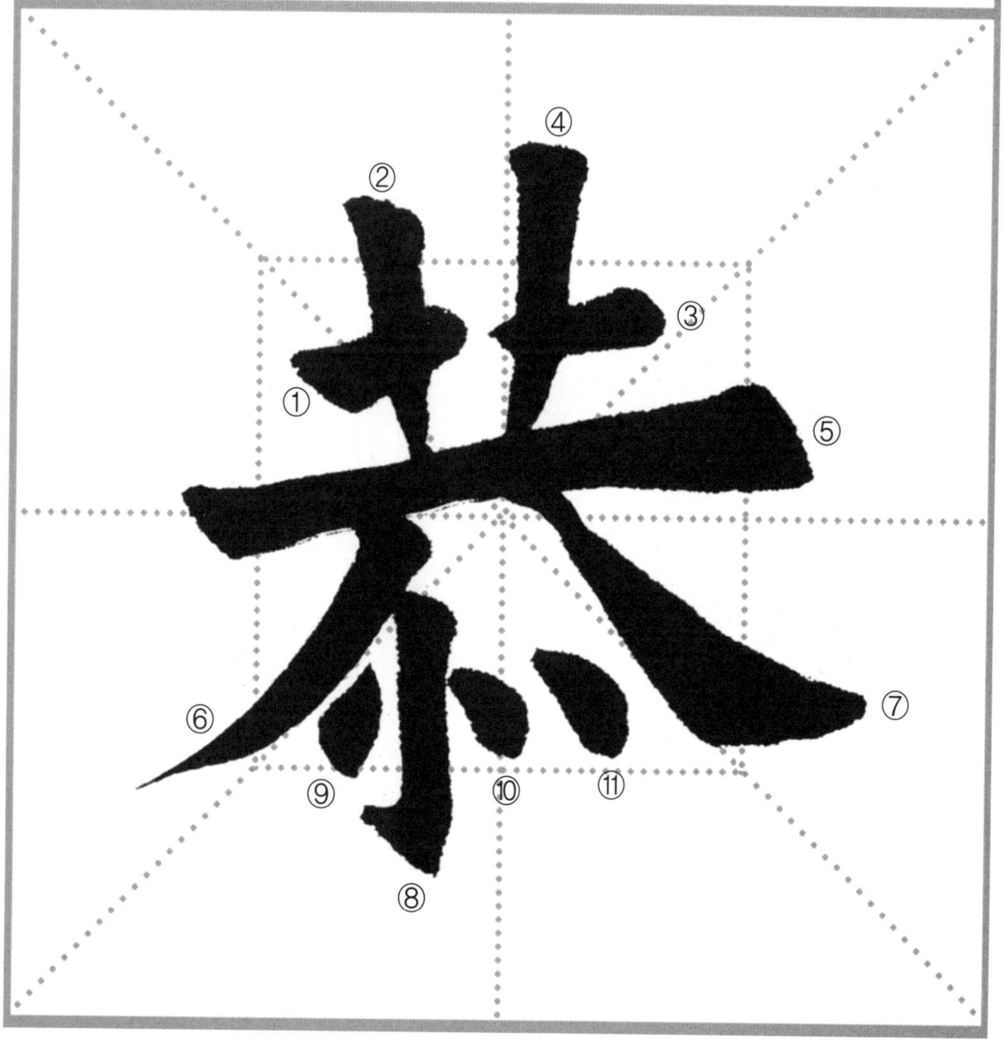

志 뜻지

操 잡을조

54

凜 늠름할 름

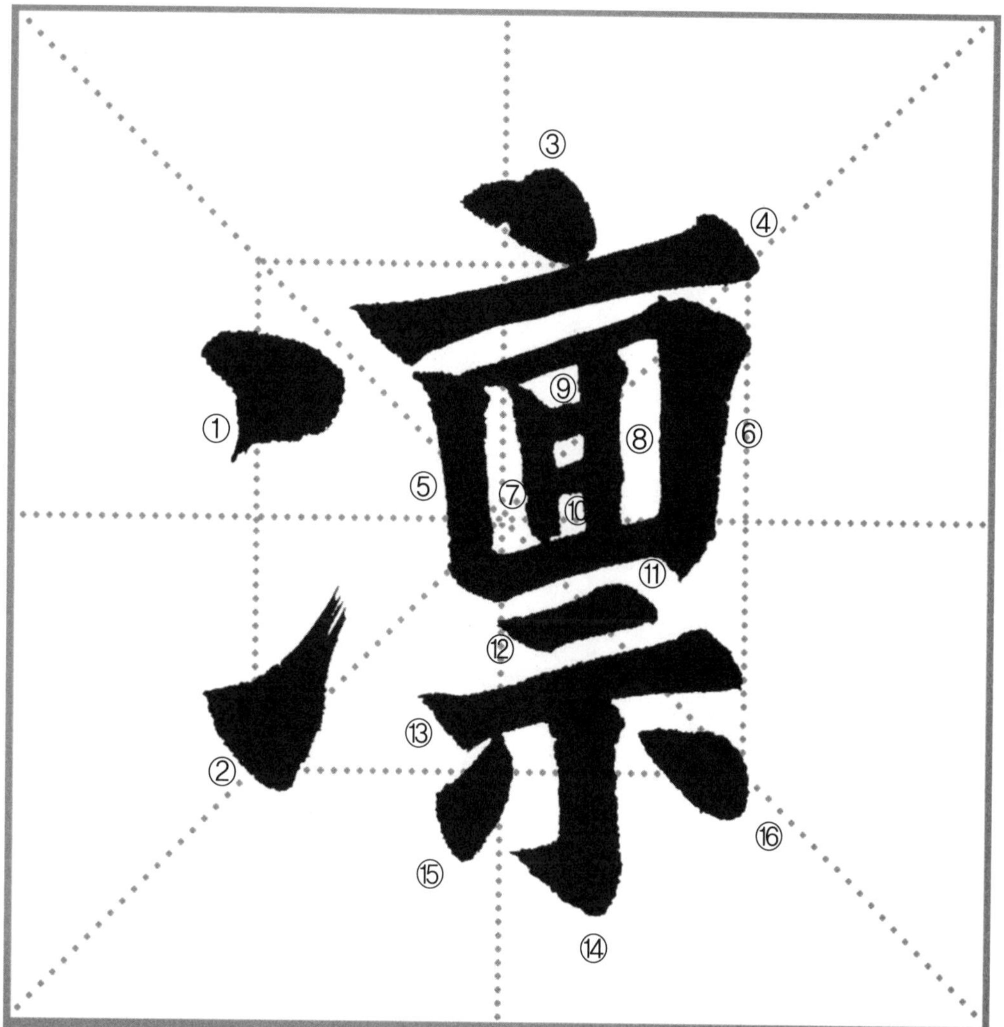

然 그러할 연

窮 다할 궁

理 이치 리

經 글 경

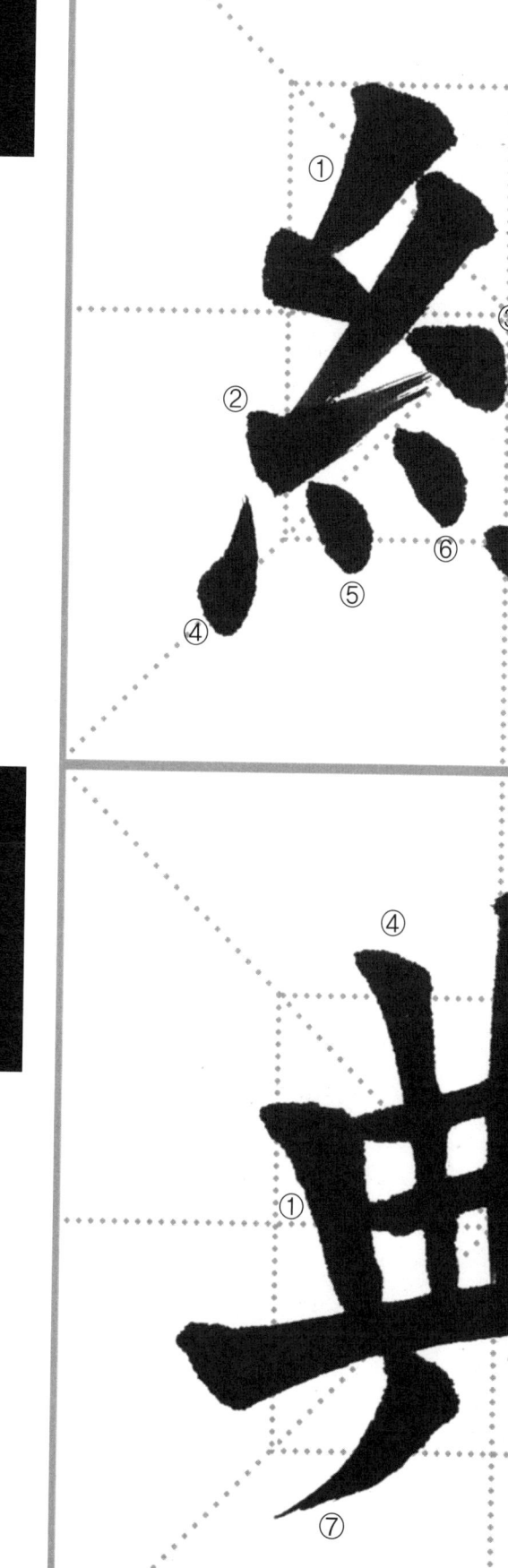

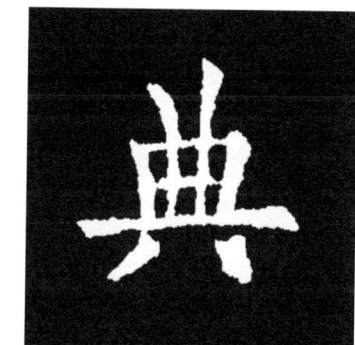
典 책 전

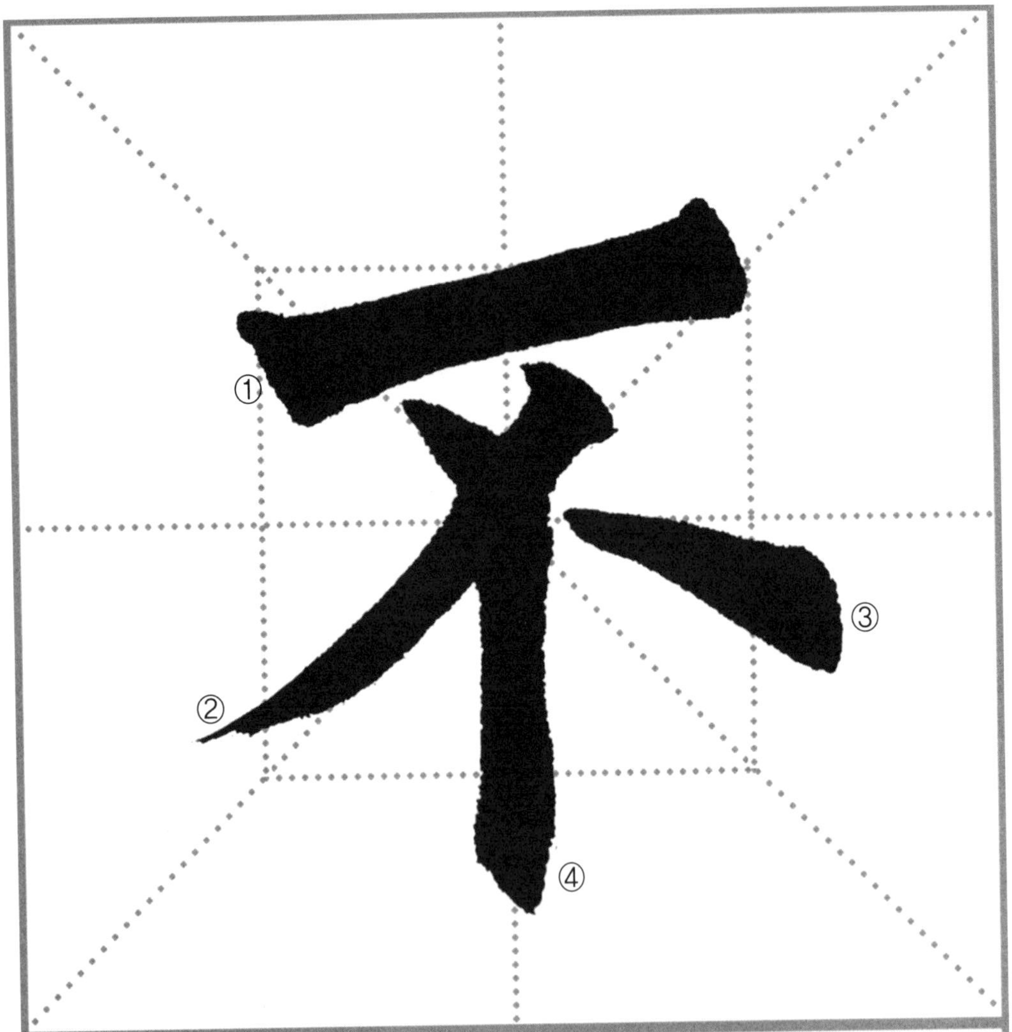

不 아닐 불

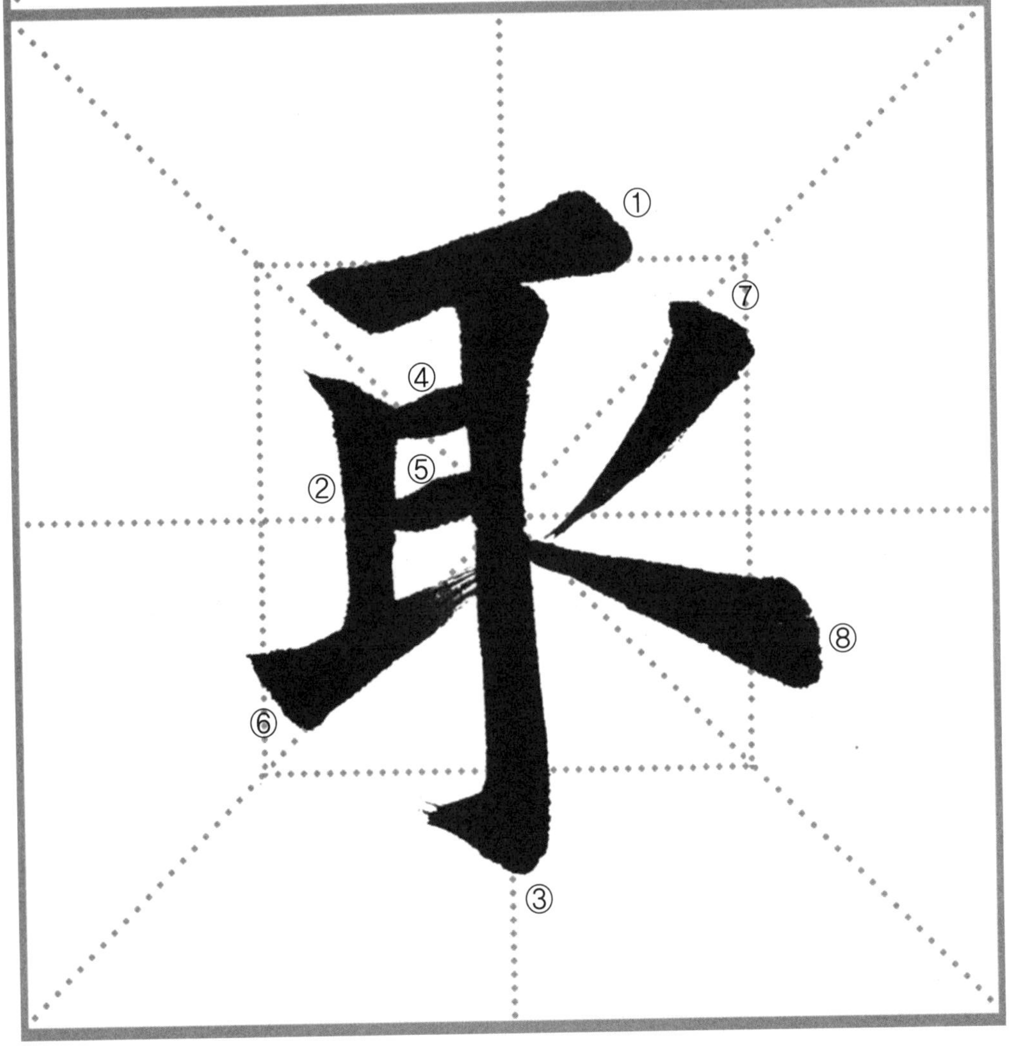

取 취할 취

名 이름 명

利 이로울 리

千字文實記

天地玄黃　宇宙洪荒
日月盈昃　辰宿列張
寒來暑往　秋收冬藏
閏餘成歲　律呂調陽
雲騰致雨　露結為霜
金生麗水　玉出崑岡

天地玄黃 하늘은 위에 있어 그 빛이 검고 땅은 아래 있어서 그 빛이 누르다.

天 하늘 천

地 땅 지

玄 검을 현

黃 누를 황

宇宙洪荒 하늘과 땅 사이는 넓고 커서 끝이 없다. 즉 세상의 넓음을 말한다.

宇 집 우

宙 집 주

洪 넓을 홍

荒 거칠 황

日 날일

日月盈昃 해는 서쪽으로 기울고 달도 차면 점차 이지러진다. 즉 우주의 진리를 말한다.

月 달월

盈 찰영

昃 기울측

辰 별진

辰宿列張 성좌가 해 달과 같이 하늘에 넓게 벌려져 있음을 말한다.

宿 잘숙

列 벌일열

張 베풀장

寒來暑往 찬 것이 오면 더운 것이 가고 더운 것이 오면 찬 것이 간다. 즉 사철의 바뀜을 말한다.

寒 찰 한

來 올 래

暑 더울 서

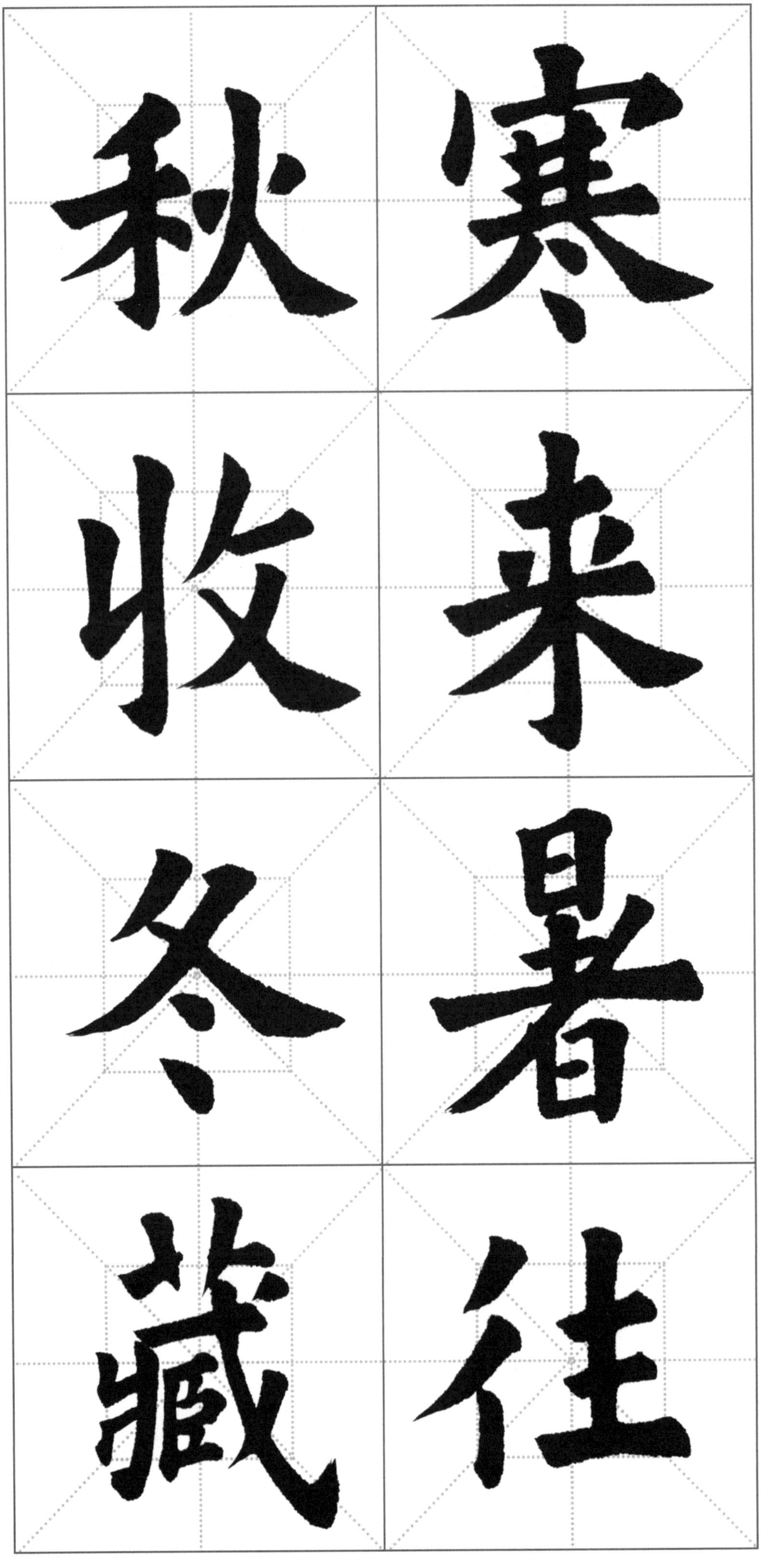

往 갈 왕

秋收冬藏 가을에 곡식을 거두고 겨울이 오면 그것을 감춰 들인다.

秋 가을 추

收 거둘 수

冬 겨울 동

藏 감출 장

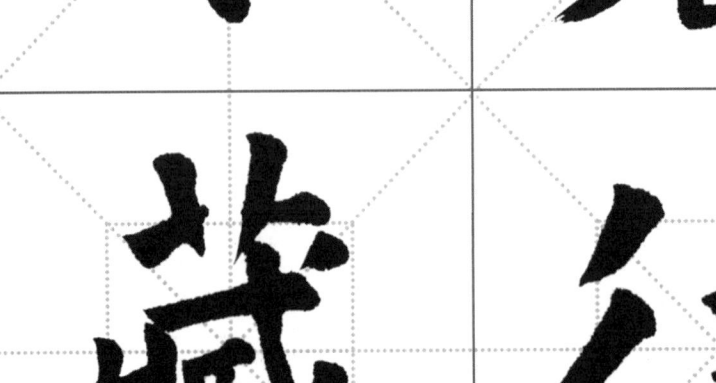

閏餘成歲 일년 이십사절기 나머지 시각을 모아 윤달로 하여 해를 이루었다。

閏 윤달 윤

餘 남을 여

成 이룰 성

歲 해 세

閏餘成歲

律呂調陽

律呂調陽 천지간의 양기를 고르게 하니 즉 율은 양이요 여는 음이다。

律 가락 률

呂 음률 려

調 고를 조

陽 볕 양

雲騰致雨 수증기가 올라가서 구름이 되고 냉기를 만나 비가 된다. 즉 자연의 기상을 말한다.

露結爲霜 이슬이 맺어 서리가 되니 밤기운이 풀잎에 물방울처럼 이슬을 이룬다.

露 이슬 로

結 맺을 결

爲 할 위

霜 서리 상

雲 구름 운

騰 오를 등

致 이를 치

雨 비 우

金 쇠 금

金生麗水 금은 여수에서 나니 여수는 중국의 지명이다.

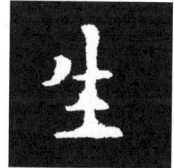
生 낳을 생

麗 고울 려

水 물 수

玉 구슬 옥

玉出崑岡 옥은 곤강에서 나니 곤강은 역시 중국의 산 이름이다.

出 날 출

崑 메 곤

岡 메 강

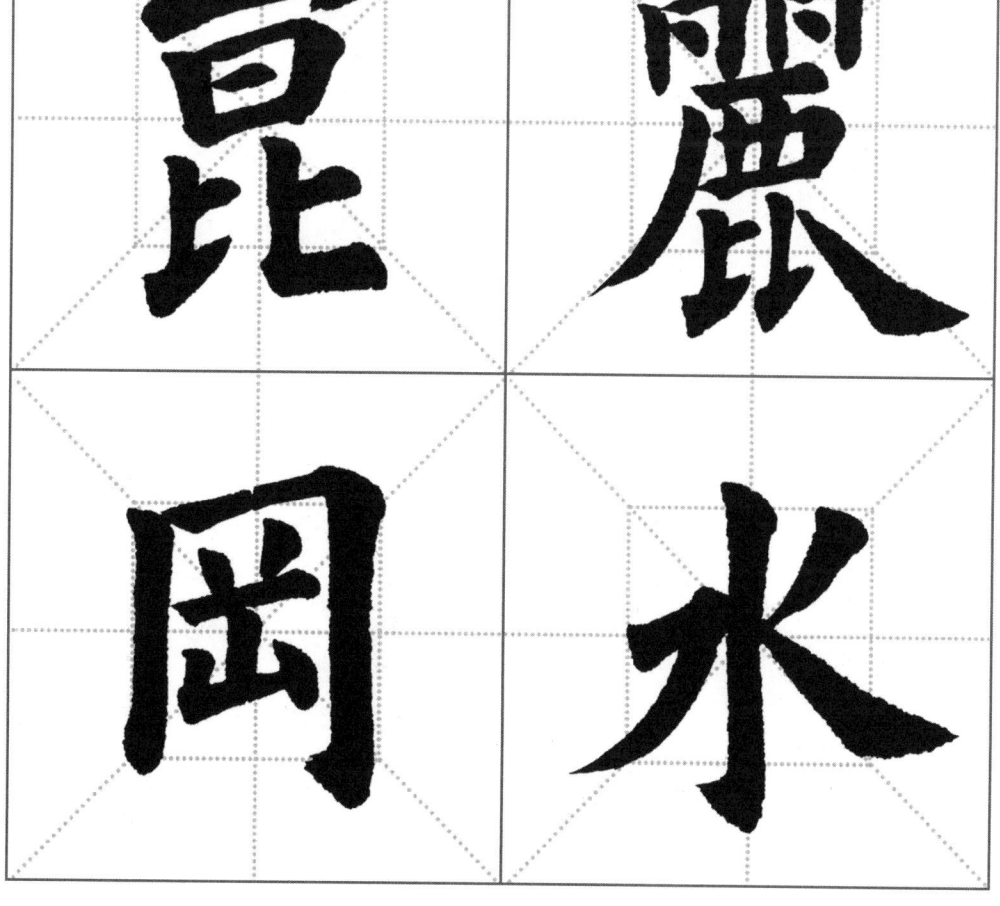

劍號巨闕 거궐은 칼이름이고 구야자가 지은 보검이다. 즉 조나라의 국보다.

劍 칼 검

號 이름 호

巨 클 거

闕 대궐 궐

珠稱夜光 구슬의 빛이 밤의 낮 같은 고로 야광이라 칭하였다.

珠 구슬 주

稱 일컬을 칭

夜 밤 야

光 빛 광

果珍李柰 과실 중에 오얏과 능금나무의 그 진미가 으뜸임을 말한다.

果 과실 과

珍 보배 진

李 오얏 리

柰 능금나무 내

菜重芥薑 나물은 겨자와 생강이 중하다.

菜 나물 채

重 무거울 중

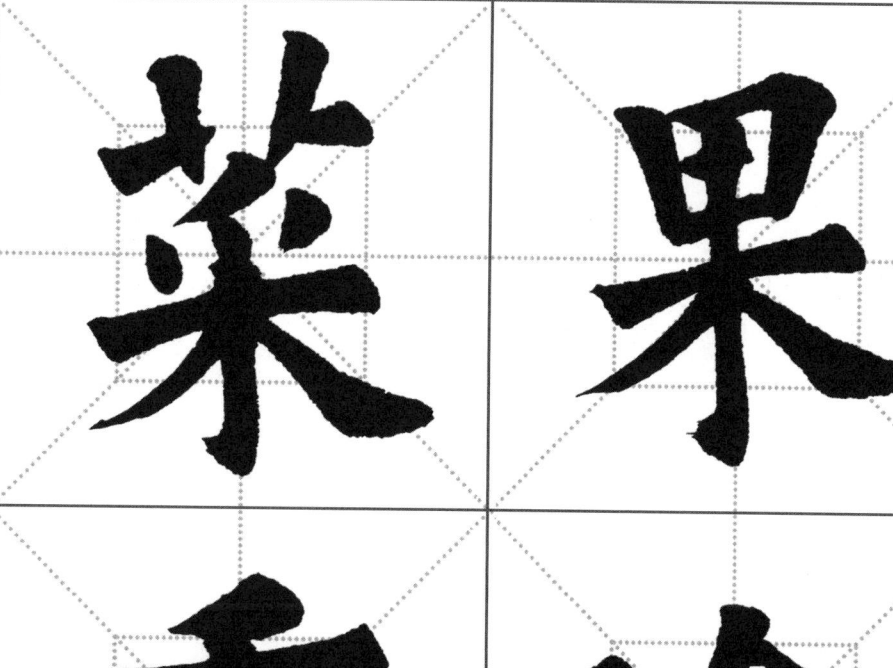

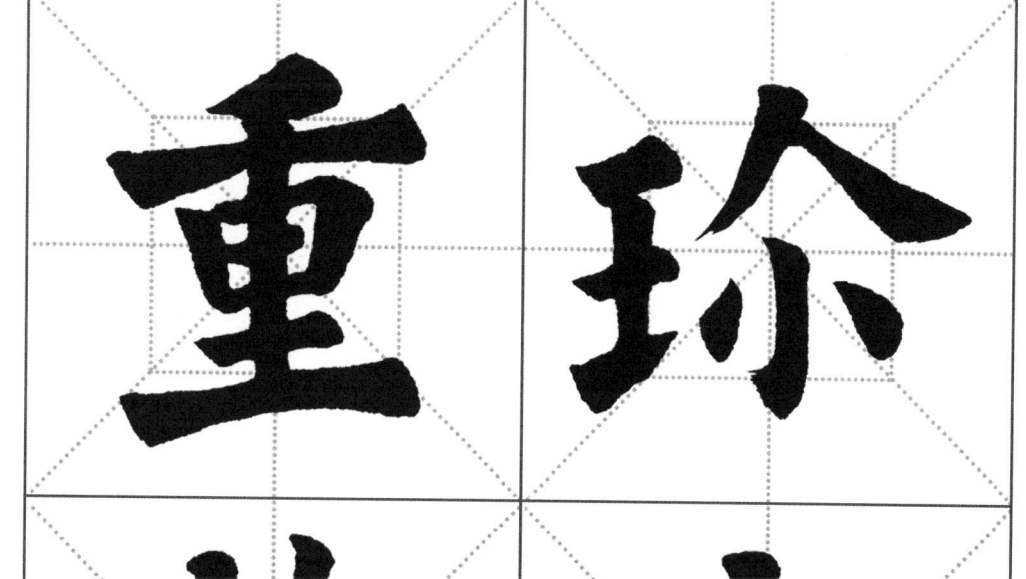

芥 겨자 개

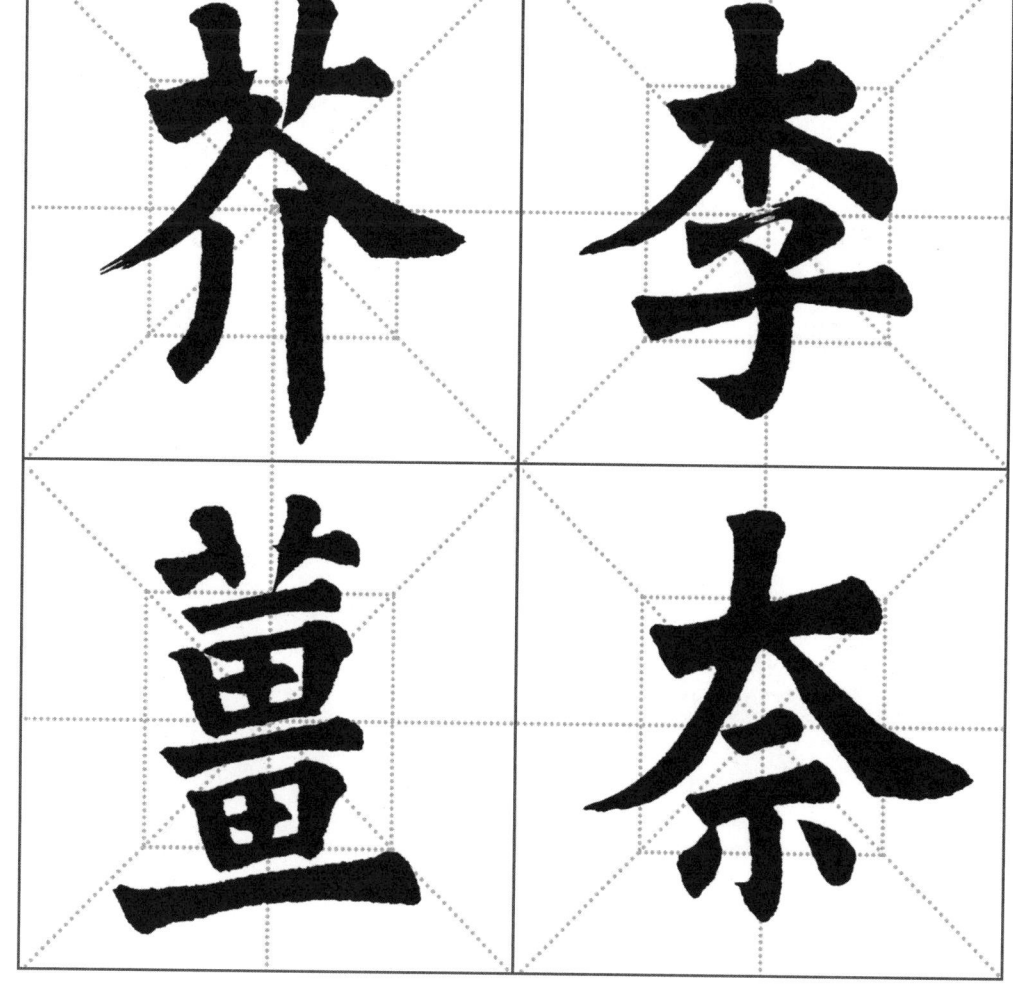

薑 생강 강

海鹹河淡 바다 물은 짜고 민물은 싱겁다.

海 바다 해

鹹 짤 함

河 물 하

淡 묽을 담

鱗潛羽翔 비늘 있는 고기는 물 속에 잠기고 날개 있는 새는 공중에 난다.

鱗 비늘 린

潛 잠길 잠

羽 깃 우

翔 높이날 상

龍師火帝 복희씨는 용으로써 벼슬을 기록하고 신농씨는 불로써 기록하였다.

鳥官人皇 소호는 새로써 벼슬을 기록하고 황제는 인문을 갖추었으므로 인황이라 하였다.

龍 용 룡

師 스승 사

火 불 화

帝 임금 제

鳥 새 조

官 벼슬 관

人 사람 인

皇 임금 황

始 처음 시

始制文字 복희의 신하 창힐이라는 사람이 새의 발자취를 보고 글자를 처음 만들었다.

制 지을 제

文 글월 문

字 글자 자

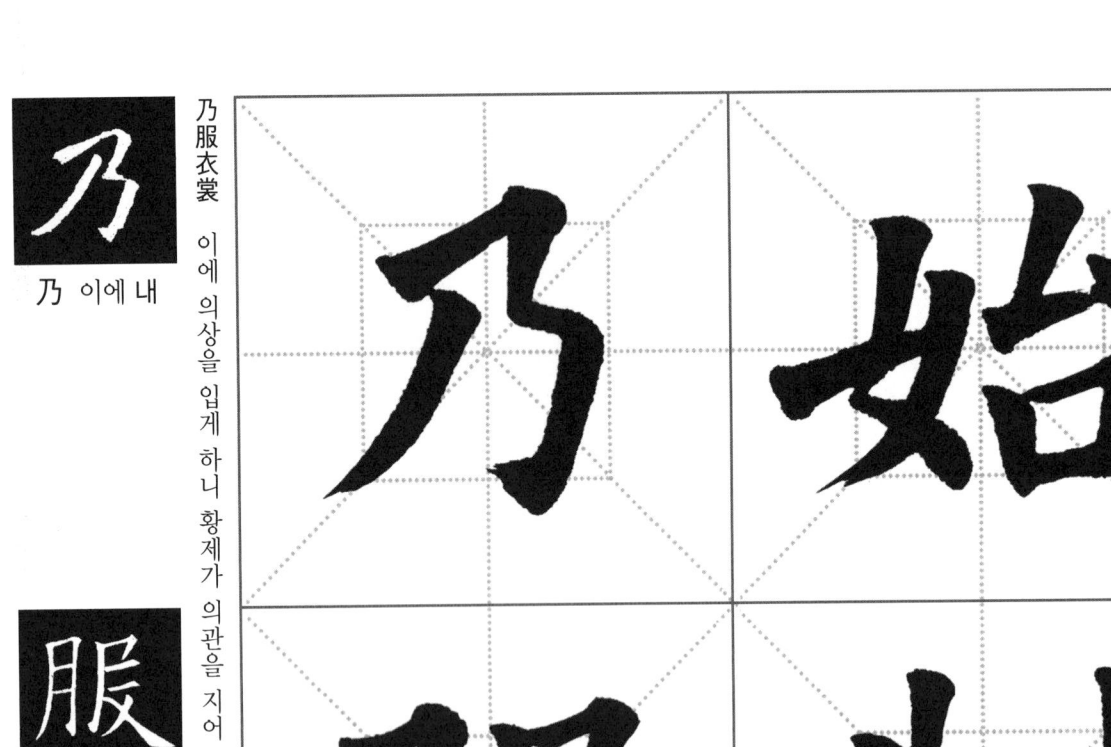

乃 이에 내

乃服衣裳 이에 의상을 입게 하니 황제가 의관을 지어 등분을 분별하고 위의를 엄숙케 하였다.

服 옷 복

衣 옷 의

裳 치마 상

推位讓國 벼슬을 미루고 나라를 사양하니 제요가 제순에게 전위하였다.

推 밀 추

位 자리 위

讓 사양할 양

國 나라 국

有虞陶唐 유우는 제순이요 도당은 제요이다. 즉 중국 고대 제왕이다.

有 있을 유

虞 헤아릴 우

陶 질그릇 도

唐 당나라 당

周 두루 주

發 필 발

殷 나라이름 은

湯 끓을 탕

周發殷湯 주발은 무왕의 이름이고 은탕은 왕의 칭호이다.

弔 슬퍼할 조

民 백성 민

伐 칠 벌

罪 허물 죄

弔民伐罪 불쌍한 백성은 돕고 죄지은 백성은 벌주었다.

垂 드리울 수

垂拱平章 밝고 평화스럽게 다스리는 길을 겸손히 생각함을 말한다.

坐 앉을 좌

坐朝問道 좌조는 천하를 통일하여 왕위에 앉은 것이고 문도는 나라 다스리는 법을 말한다.

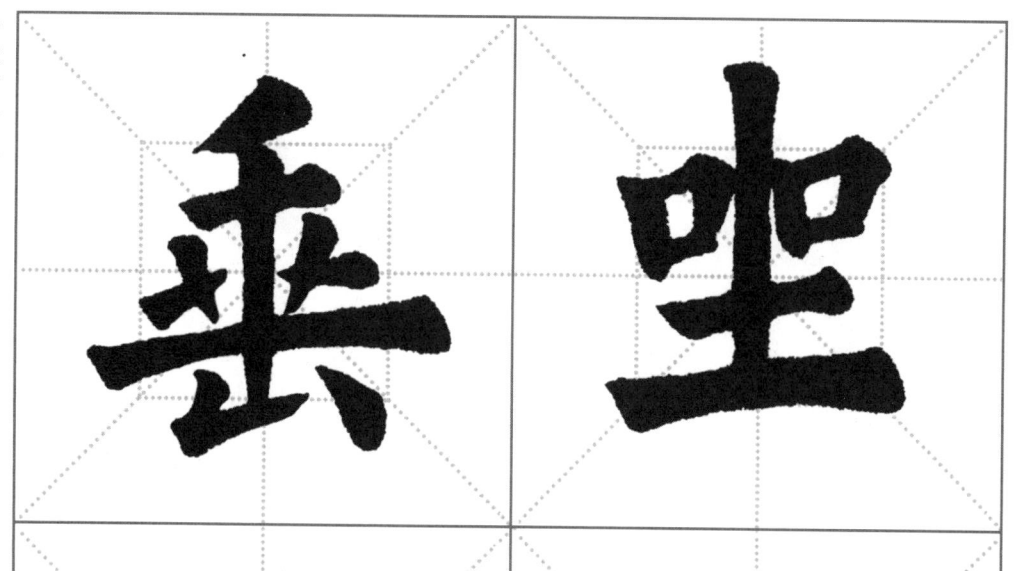

拱 껴안을 공

朝 아침 조

平 평평할 평

問 물을 문

章 글월 장

道 길/말할 도

愛育黎首 明君이 천하를 다스림에 衆民을 사랑하고 양육함을 말한다.

愛 사랑 애

育 기를 육

黎 검을 려

首 머리 수

臣伏戎羌 이상과 같이 나라를 다스리려면 그 덕에 융과 강도 항복하고야 만다.

臣 신하 신

伏 엎드릴 복

戎 오랑캐 융

羌 종족이름 강

遐邇壹體

멀고 가까운 나라가 전부 그 덕망에 귀순케 하며 일체가 될 수 있다.

遐 멀 하

邇 가까울 이

壹 한 일

體 몸 체

率賓歸王

거느리고 복종하여 왕에게 돌아오니 덕을 입어 복종치 않음이 없음을 말한다.

率 거느릴 솔/비율 률

賓 손 빈

歸 돌아갈 귀

王 임금 왕

鳴鳳在樹 명군 성현이 나타나면 봉이 운다는 말과 같이 덕망이 미치는 곳마다 봉이 나무 위에서 울 것이다.

鳴 울 명

鳳 봉황새 봉

在 있을 재

樹 나무 수

白駒食場 평화스러움을 말한 것이며, 즉 흰 망아지도 감화되어 사람을 따르며 마당 풀을 뜯어먹게 한다.

白 흰 백

駒 망아지 구

食 밥 식

場 마당 장

化被草木 덕화가 사람이나 짐승에게만 미칠 뿐 아니라 초목에까지도 미침을 말한다.

化 될 화
被 입을 피
草 풀 초
木 나무 목

賴及萬方 만방이 극히 넓으나 어진 덕이 고루 미치게 된다.

賴 힘입을 뢰
及 미칠 급
萬 일만 만
方 모 방

蓋此身髮 이 몸의 털은 대개 사람마다 없는 이가 없다.

蓋 덮을 개

此 이 차

身 몸 신

髮 터럭 발

四大五常 네 가지 큰 것과 다섯 가지 떳떳함이 있으니 즉 사대는 천지 군부요 오상은 인의예지신이다.

四 넉 사

大 큰 대

五 다섯 오

常 항상 상

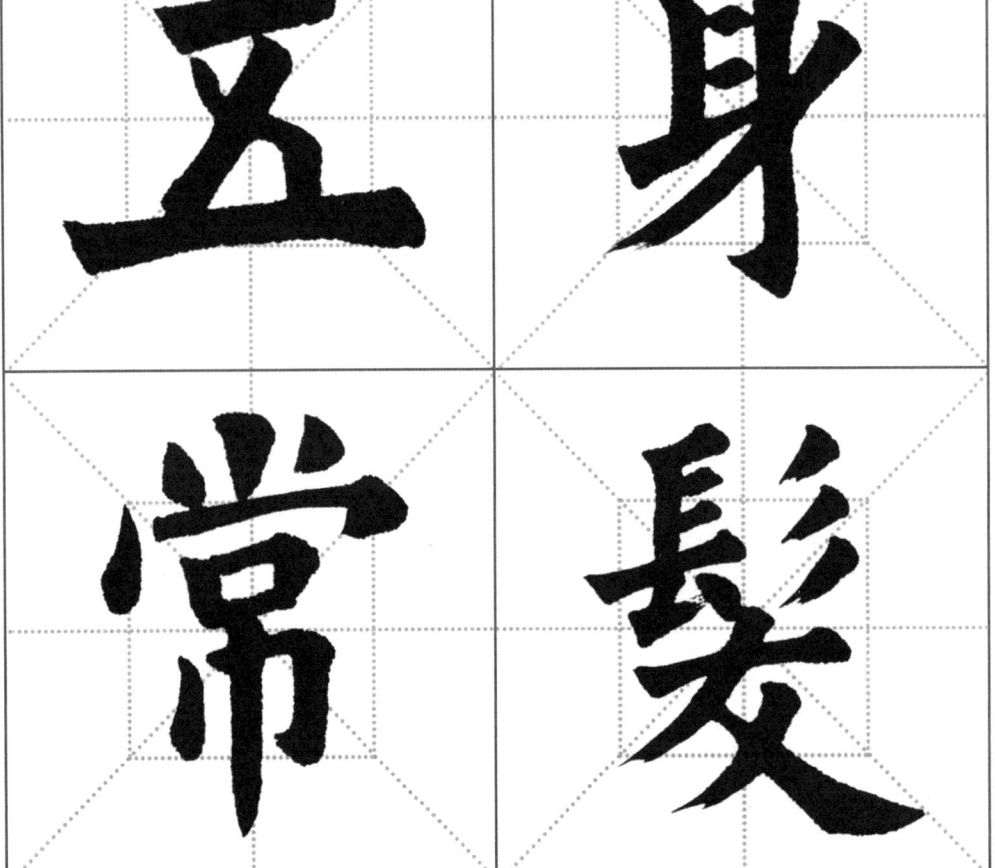

恭惟鞠養 국양함을 공손히 하라. 이 몸은 부모의 기르신 은혜이기 때문이다.

恭 공손할 공

惟 오직 유

鞠 국문할 국

養 기를 양

豈敢毀傷 부모께서 낳아 길러 주신 이 몸을 어찌 감히 훼상할 수 있으랴.

豈 어찌 기

敢 감히 감

毀 헐 훼

傷 상할 상

男 사내 남

效 본받을 효

才
才 재주 재

良 어질 량

男效才良　남자는 재능을 닦고 어진 것을 본받아야 함을 말한다.

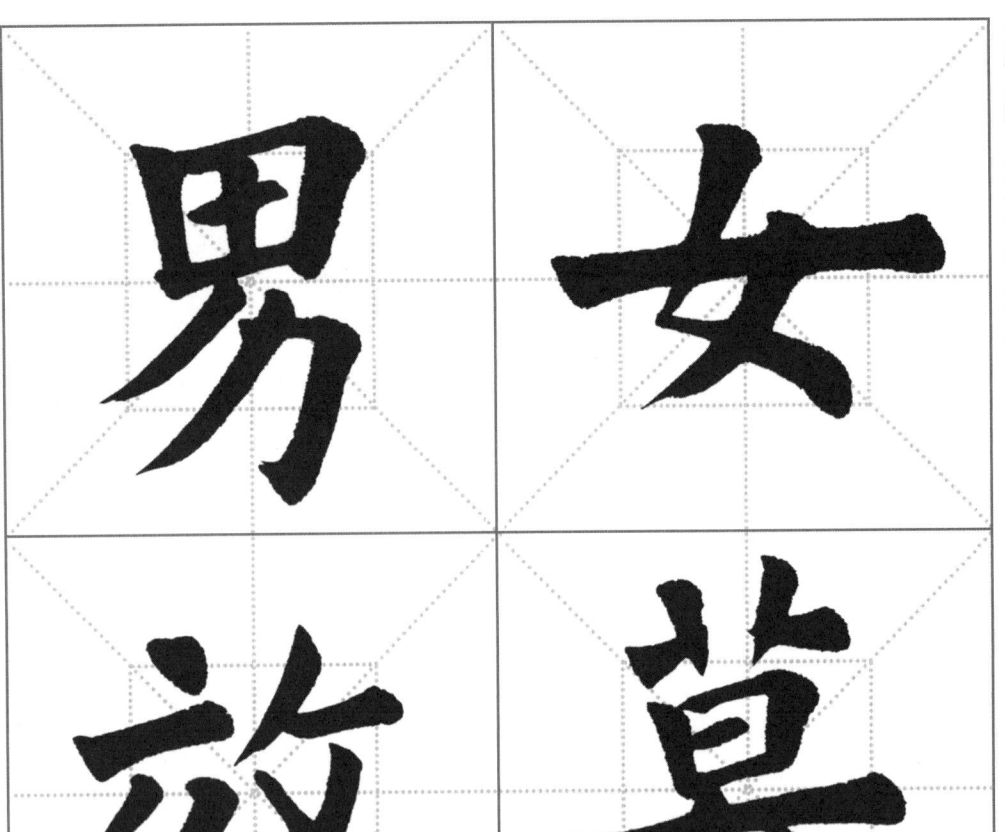

女慕貞烈　여자는 정조를 굳게 지키고 행실을 단정하게 해야 함을 말한다.

女 계집 녀

慕
慕 사모할 모

貞
貞 곧을 정

烈 매울 렬

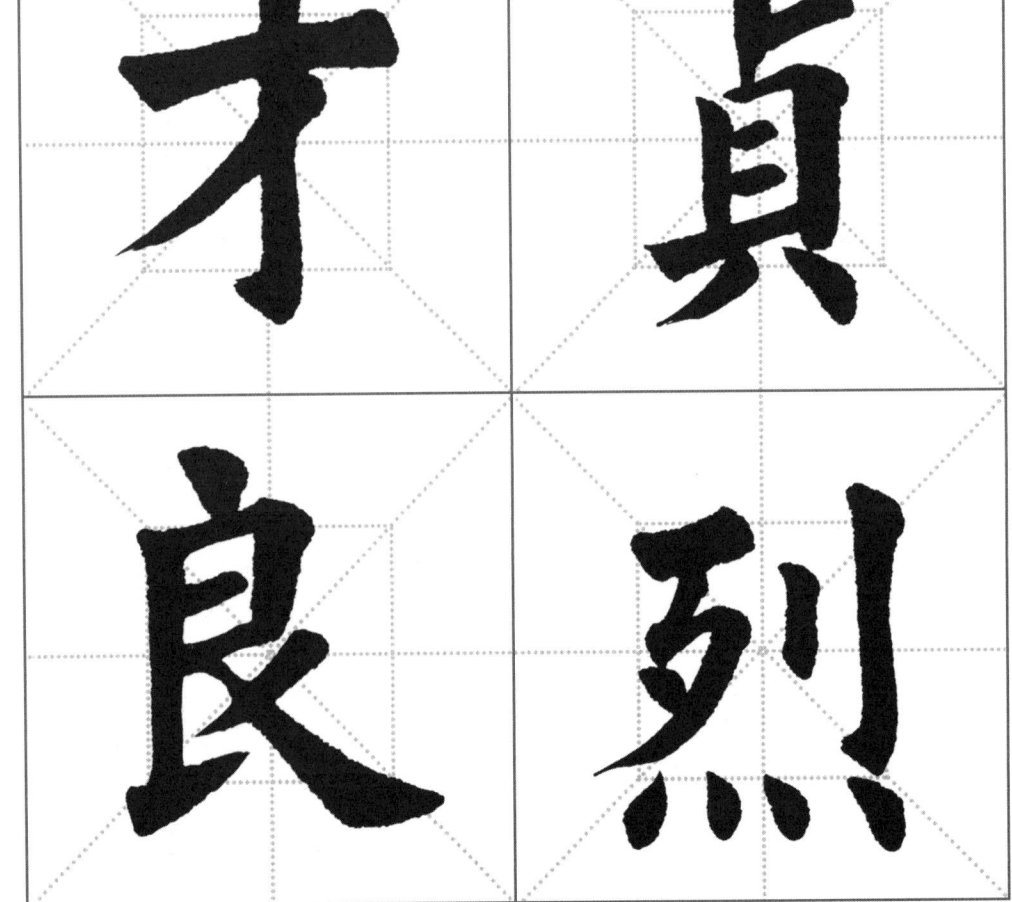

知過必改 누구나 허물이 있는 것이니 허물을 알면 즉시 고쳐야 한다.

知 알 지

過 지날/허물 과

必 반드시 필

改 고칠 개

得能莫忘 사람으로써 알아야 할 것을 배운 후에는 잊지 않도록 노력하여야 한다.

得 얻을 득

能 능할 능

莫 말 막

忘 잊을 망

罔談彼短 남의 단점을 말하지 말고、
靡恃己長 자기의 장점을 너무 믿지 말라.

靡 아닐 미

恃 믿을 시

己 몸 기

長 길 장

罔 없을 망

談 말씀 담

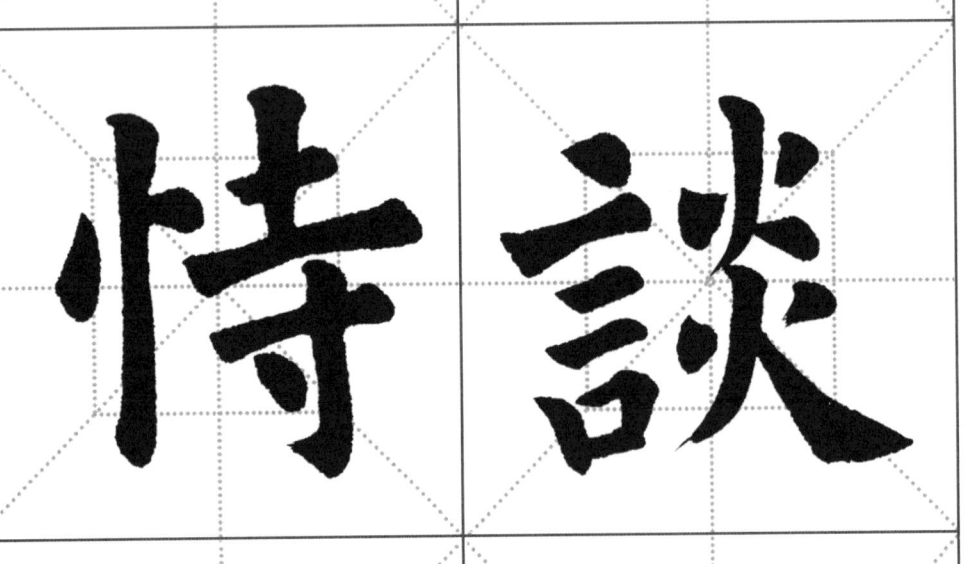
彼 저 피

短 짧을 단

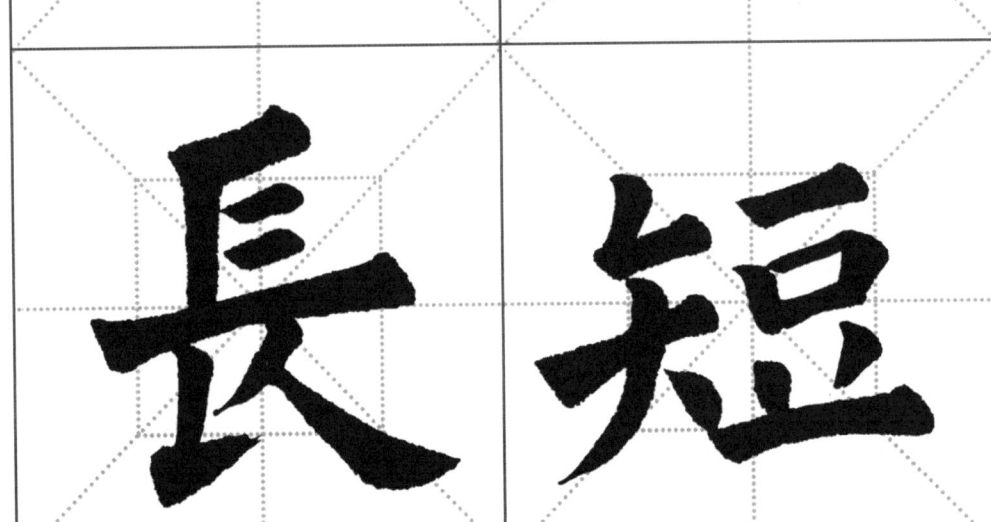

信使可覆 믿음은 움직일 수 없는 진리이고 또한 남과의 약속은 지켜야 한다.

信 믿을 신

使 하여금 사

可 옳을 가

覆 뒤집힐 복

器欲難量 사람의 기량은 깊고 깊어서 헤아리기 어렵다.

器 그릇 기

欲 하고자할 욕

難 어려울 난

量 헤아릴 량

墨悲絲染

墨翟은 흰실에 물들임을 슬퍼하였고、

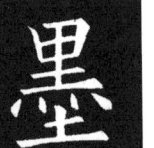

墨 먹 묵

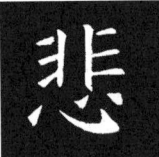

悲 슬플 비

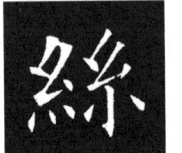

絲 실 사

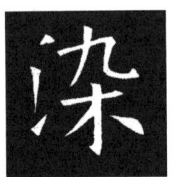

染 물들일 염

墨 悲 絲 染

詩 讚 羔 羊

詩讚羔羊

시전 고양편에 문왕의 덕을 입은 남국 대부의 정직함을 칭찬하였으니 사람의 선악을 말한 것이다。

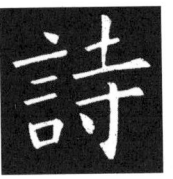

詩 시 시

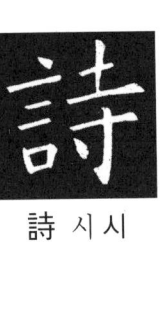

讚 칭찬할 찬

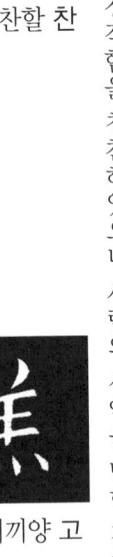

羔 새끼양 고

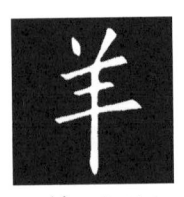

羊 양 양

景行維賢 행실을 훌륭하게 하고 당당하게 행하면 어진 사람이 된다는 것을 말한다.

景 경치 경

行 다닐 행 /항렬 항

維 벼리 유

賢 어질 현

克念作聖 성인의 언행을 잘 생각하여 수양을 쌓으면 자연 성인이 됨을 말한다.

克 이길 극

念 생각 념

作 지을 작

聖 성인 성

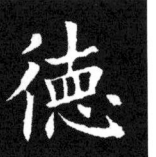

德建名立 항상 덕을 가지고 세상일을 행하면 자연 이름도 서게 된다。

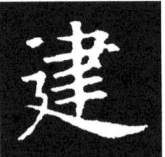

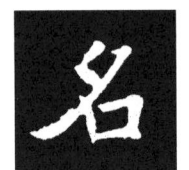

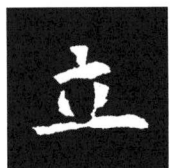

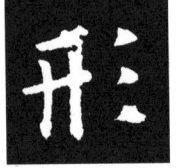

德

德 덕덕

建

建 세울건

名

名 이름명

立

立 설립

德 建 名 立

形 端 表 正

形端表正 몸 형상이 단정하고 깨끗하면 마음도 바르며 또 표면에 나타난다。

形

形 모양형

端

端 바를단

表

表 겉표

正

正 바를정

空

空 빌공

谷

谷 골곡

傳

傳 전할전

聲

聲 소리성

空谷傳聲 산골짜기에서 크게 소리치면 그대로 전한다。즉 악한 일을 당하게 된다。

空谷傳聲

虛堂習聽

虛堂習聽 빈방에서 소리를 내면 울려서 다 들린다。즉 착한 말을 하면 천리 밖에서도 응한다。

虛

虛 빌허

堂

堂 집당

習

習 익힐습

聽

聽 들을청

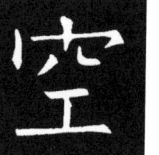

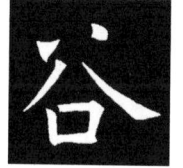

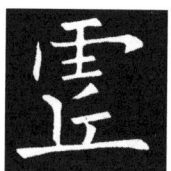

福緣善慶 복은 착한 일에서 오는 것이니 착한 일을 하면 경사가 온다.

福 복복

緣 인연 연

善 착할 선

慶 경사 경

禍因惡積 재앙은 악을 쌓음에 인한 것이므로 재앙을 받는 이는 평일에 악을 쌓았기 때문이다.

禍 재앙 화

因 인할 인

惡 악할 악 /미워할 오

積 쌓을 적

90

尺璧非寶 한 자 되는 구슬이라고 해서 결코 보배라고는 할 수 없다.

尺 자 척

璧 구슬 벽

非 아닐 비

寶 보배 보

寸陰是競 한 자 되는 구슬보다도 잠깐의 시간이 더욱 귀중하니 시간을 아껴야 한다.

寸 마디 촌

陰 그늘 음

是 옳을/이 시

競 다툴 경

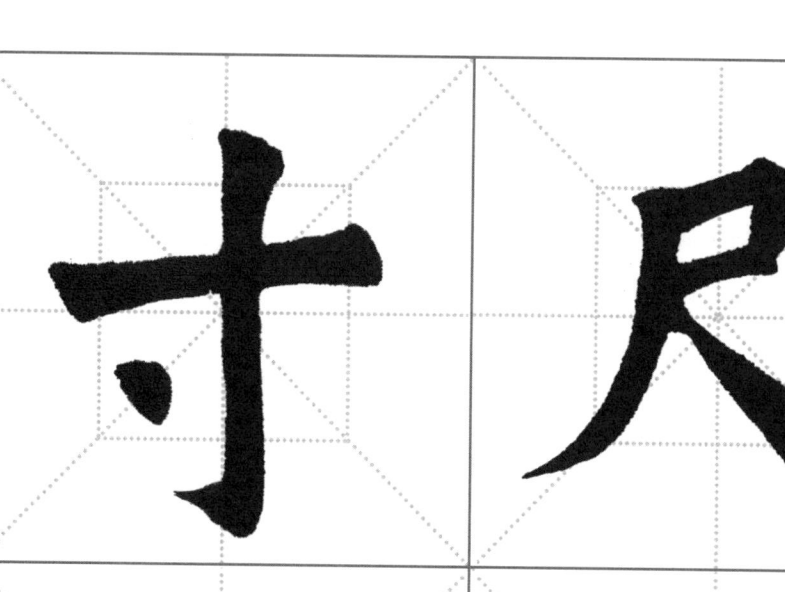

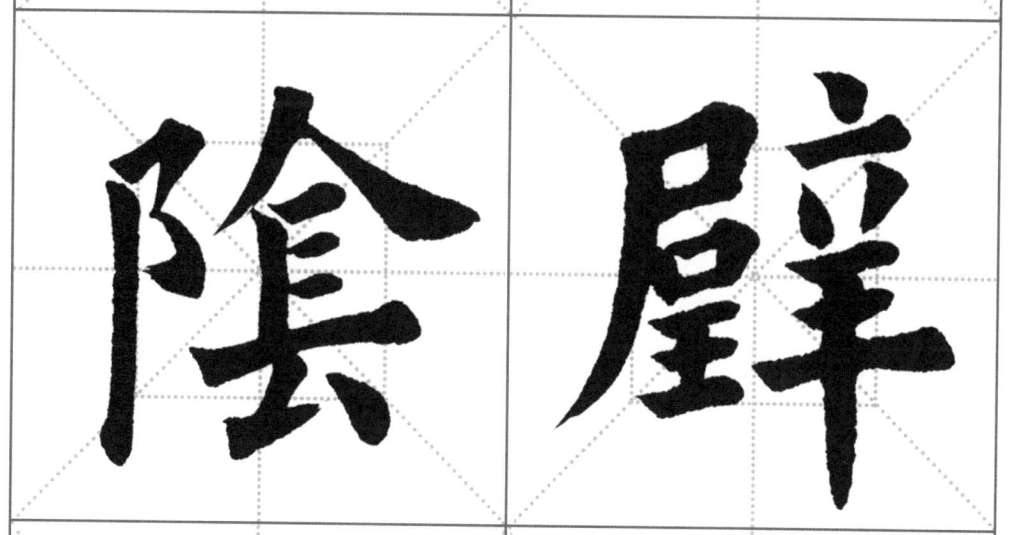

資父事君 아비를 자료로 하여 임금을 섬길지니 아비 섬기는 효도로 임금을 섬겨야 한다.

資 자료 자

父 아비 부

事 일/섬길 사

君 임금 군

曰嚴與敬 임금을 대하는 데는 엄숙함과 공경함이 있어야 한다.

曰 가로 왈

嚴 엄할 엄

與 더불 여

敬 공경할 경

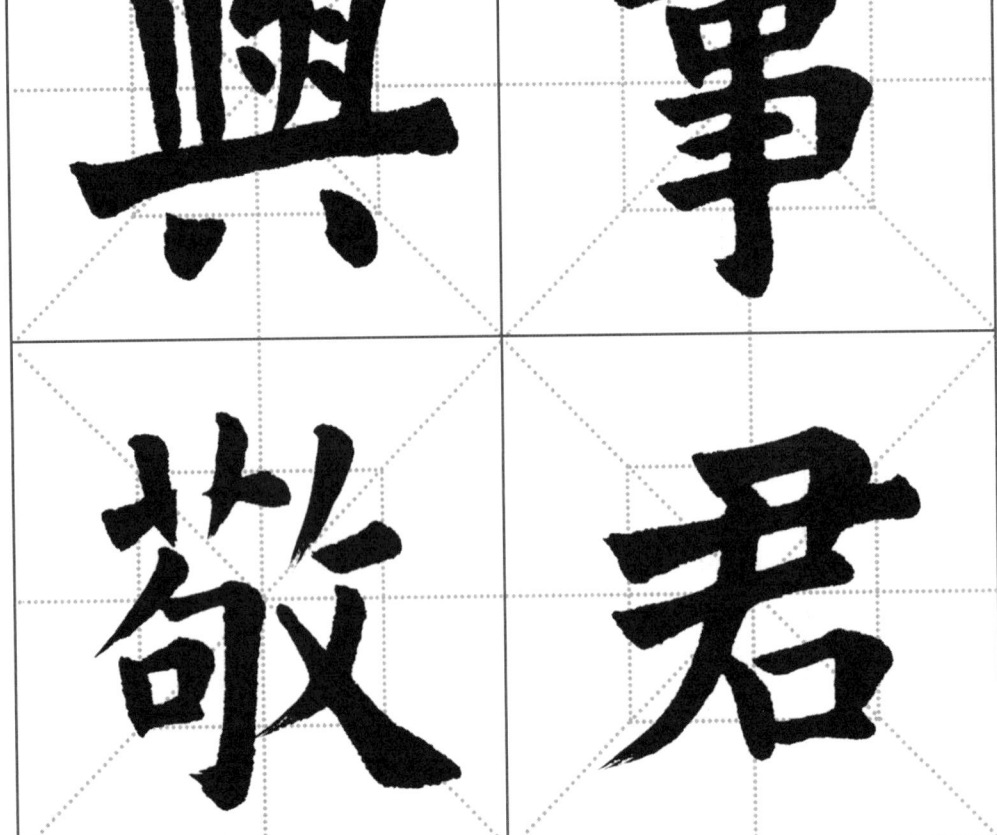

孝當竭力 부모를 섬길 때에는 마땅히 힘을 다하여야 한다。

孝 효도 효

當 마땅할 당

竭 다할 갈

力 힘 력

孝當竭力

忠則盡命 충성함에는 곧 목숨을 다하니 임금을 섬기는 데 몸을 사양해서는 안된다。

忠 충성 충

則 곧 즉/법 칙

盡 다할 진

命 목숨 명

忠則盡命

臨深履薄

깊은 곳에 임하듯 하며 얇은 얼음을 밟듯이 세심 주의하여야 한다。

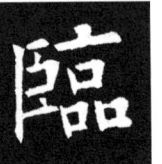

臨 임할 림

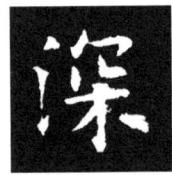

深 깊을 심

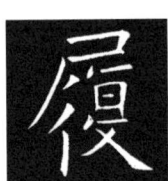

履 밟을 리

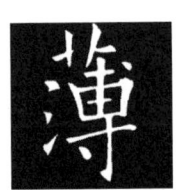

薄 얇을 박

臨 深 履 薄

夙 興 溫 凊

夙興溫凊

일찍 일어나서 추우면 덥게、더우면 서늘케 하는 것이 부모 섬기는 절차이다。

夙 일찍 숙

興 흥할 흥

溫 따뜻할 온

凊 서늘할 정

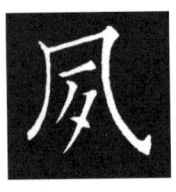

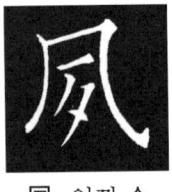

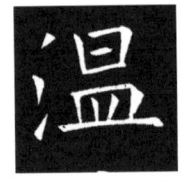

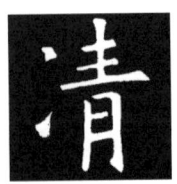

似蘭斯馨 난초같이 꽃다우니 군자의 지조를 비유한 것이다.

似 같을 사

蘭 난초 란

斯 이 사

馨 향기 형

如松之盛 솔 나무같이 푸르러 성함은 군자의 절개를 말한 것이다.

如 같을 여

松 소나무 송

之 갈 지

盛 성할 성

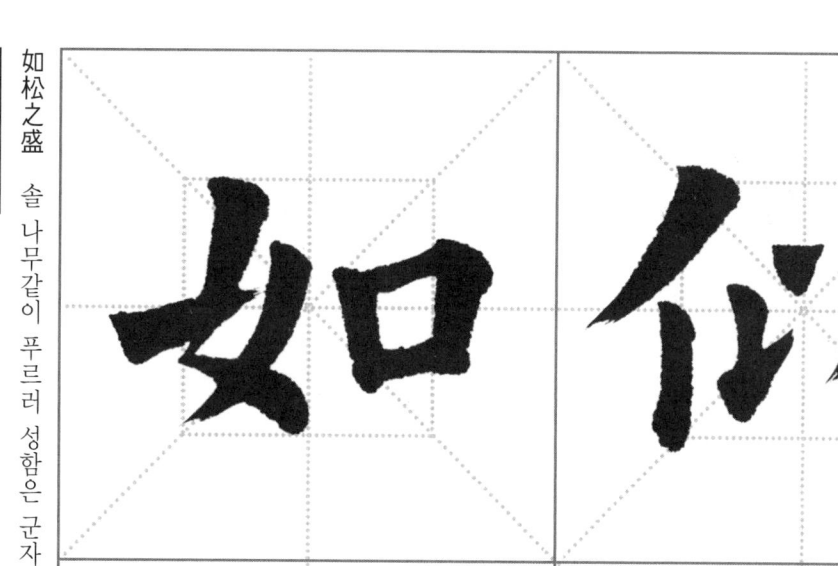

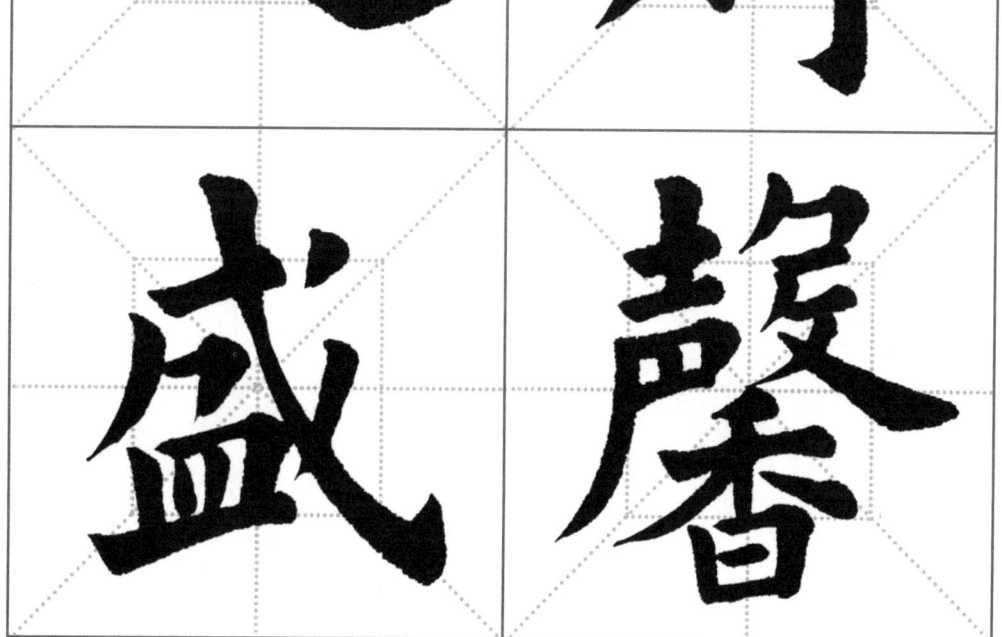

淵 못 연

澄 맑을 징

淵澄取映 못이 맑아서 비치니 즉 군자의 마음을 말한 것이다.

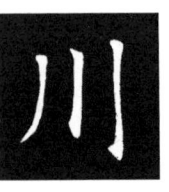
川 내 천

川流不息 내가 흘러 쉬지 아니하니 군자의 행지를 말한 것이다.

流 흐를 류

取 취할 취

不 아니 불

映 비칠 영

息 쉴 식

容止若思 행동을 덤비지 말고 형용과 행지를 조용히 생각하는 침착한 태도를 가져라.

容 얼굴 용

止 그칠 지

若 같을 약

思 생각 사

言辭安定 태도만 침착할 뿐 아니라 말도 안정케 하며 쓸데없는 말을 삼가라.

言 말씀 언

辭 말씀 사

安 편안 안

定 정할 정

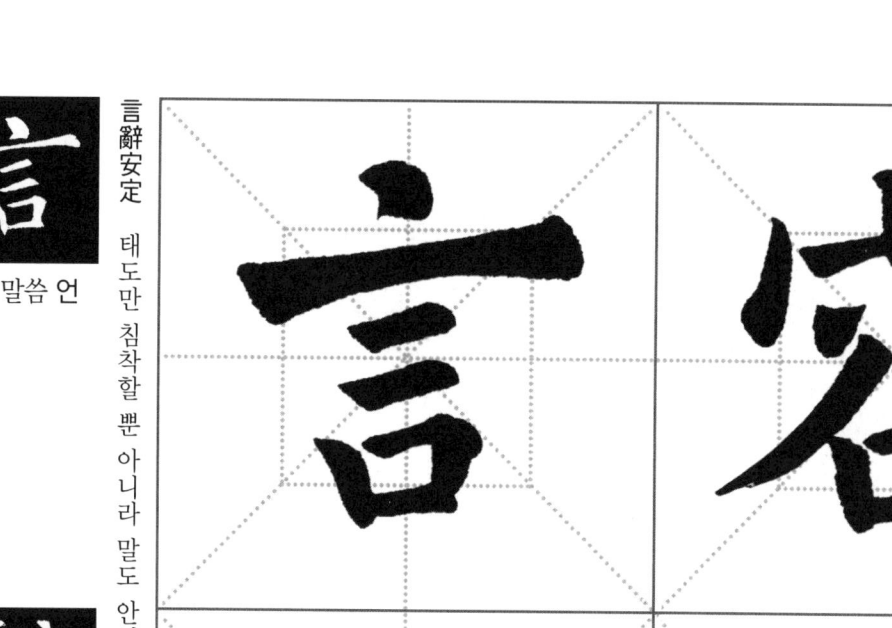

篤 도타울 독

篤初誠美 무엇이든지 처음에 성실하고 신중히 하여야 한다.

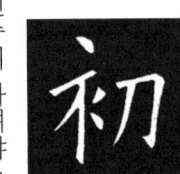
初 처음 초

誠 정성 성

美 아름다울 미

愼 삼갈 신

愼終宜令 처음뿐만 아니라 끝맺음도 좋아야 한다.

終 마지막 종

宜 마땅 의

令 하여금 령

榮業所基 이상과 같이 잘 지키면 번성하는 기본이 된다.

榮 영화 영

業 업 업

所 바 소

基 터 기

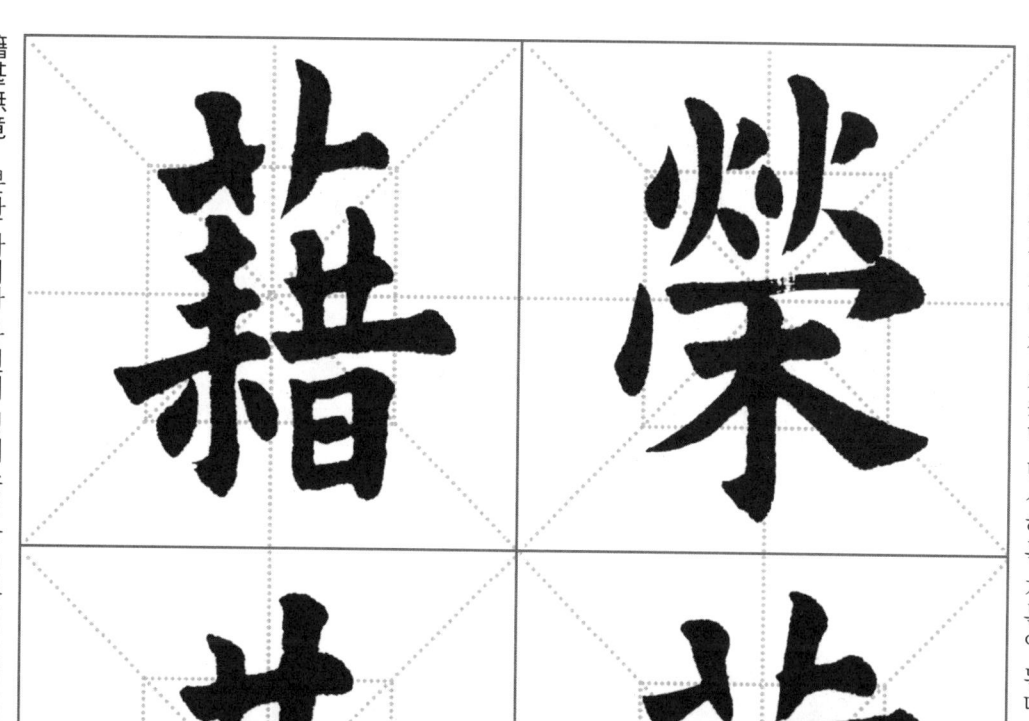

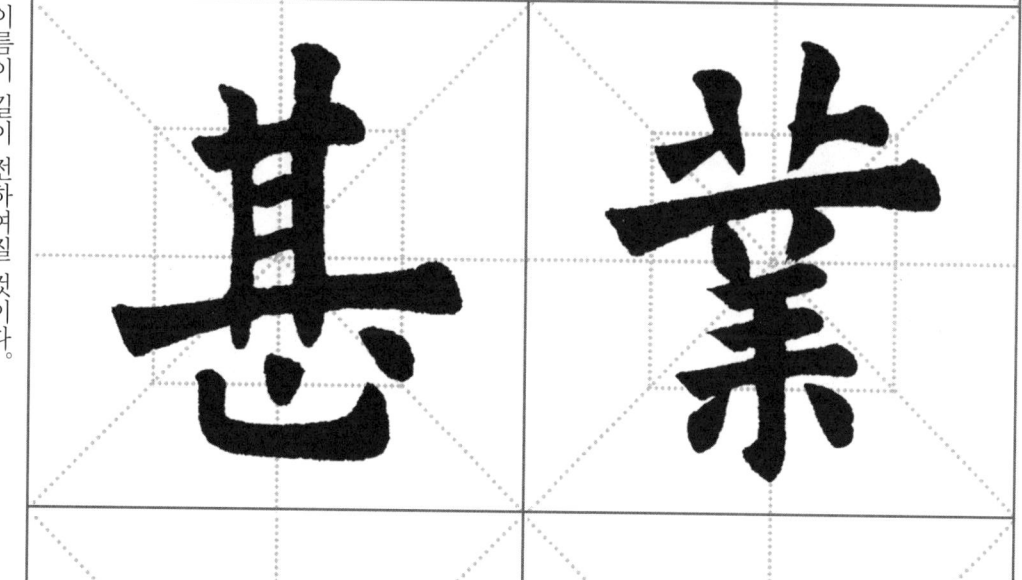

籍甚無竟 뿐만 아니라 자신의 명예스러운 이름이 길이 전하여질 것이다.

籍 호적 적

甚 심할 심

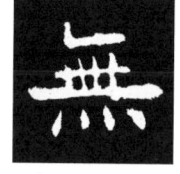
無 없을 무

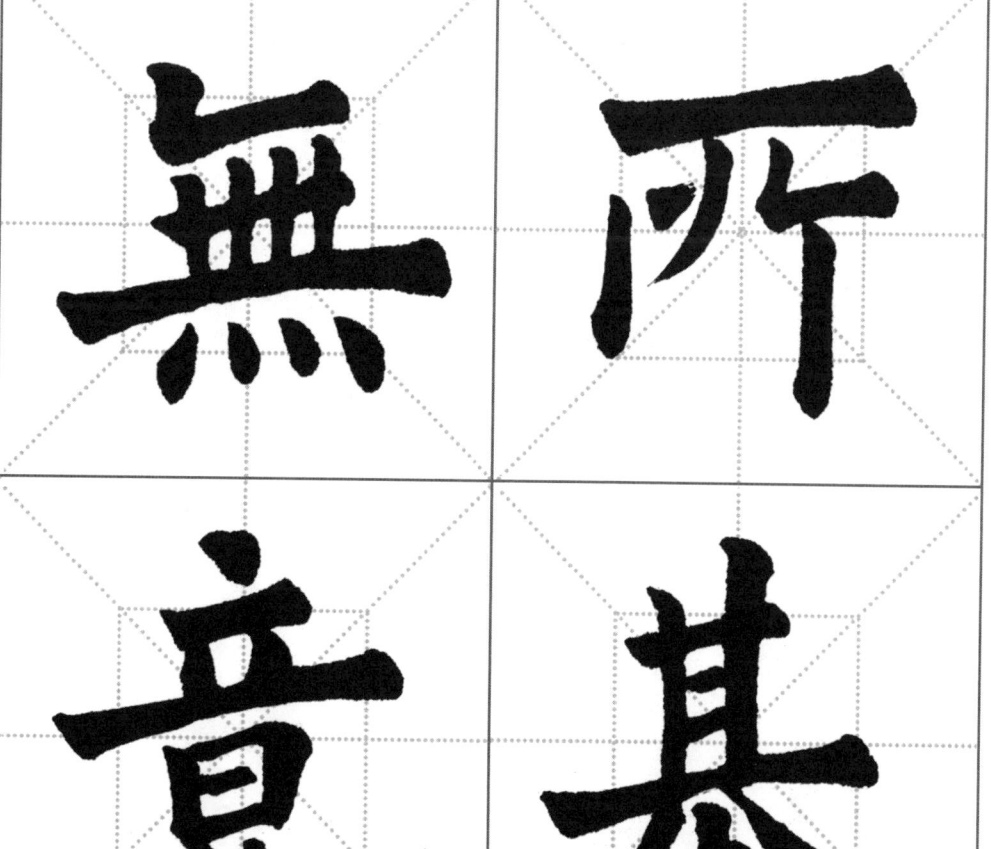

竟 마침내 경

攝職從政 벼슬을 잡아 정사를 좇으니 국가 정사에 종사하니라.

攝 잡을 섭

職 벼슬 직

從 좇을 종

政 정사 정

學優登仕 배운 것이 넉넉하면 벼슬에 오를 수 있고,

學 배울 학

優 넉넉할 우

登 오를 등

仕 벼슬 사

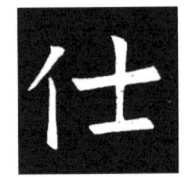

存以甘棠 주나라 소공이 남국의 아가위나무 아래에서 백성을 교화하였고,

去而益詠 소공이 죽은 후 남국의 백성이 그의 덕을 추모하여 감당시를 읊었다.

去 갈 거

存 있을 존

而 어조사 이

以 써 이

益 더할 익

甘 달 감

詠 읊을 영

棠 해당화 당

樂殊貴賤 풍류는 귀천이 다르니 천자는 팔일 제후는 육일 사대부는 사일 선일은 이일이요、

樂 풍류 악
/즐길 락
/좋아할 요

殊 다를 수

貴 귀할 귀

賤 천할 천

禮別尊卑 예도에 존비의 분별이 있으니 군신、부자、부부、장유、붕우의 차별이 있다。

禮 예도 례

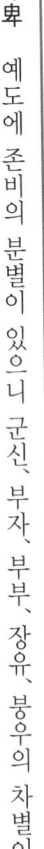

別 다를 별

尊 높을존

卑 낮을 비

上和下睦 위에서 사랑하고 아래에서 공경함으로써 화목이 된다.

上 위 상

和 화할 화

下 아래 하

睦 화목할 목

夫唱婦隨 지아비가 부르면 지어미가 따른다. 즉 원만한 가정을 말한다.

夫 지아비 부

唱 부를 창

婦 며느리 부 / 지어미 부

隨 따를 수

入奉母儀 집에 들어서는 어머니를 받들어 종사하라.

外受傳訓 팔세면 바깥 스승의 가르침을 받아야 한다.

入 들입

外 밖 외

奉 받들 봉

受 받을 수

母 어미 모

傳 스승 부

儀 거동 의

訓 가르칠 훈

諸姑伯叔 고모、백부、숙부 등 집안 내의 친척 등을 말한다.

諸 모두 제

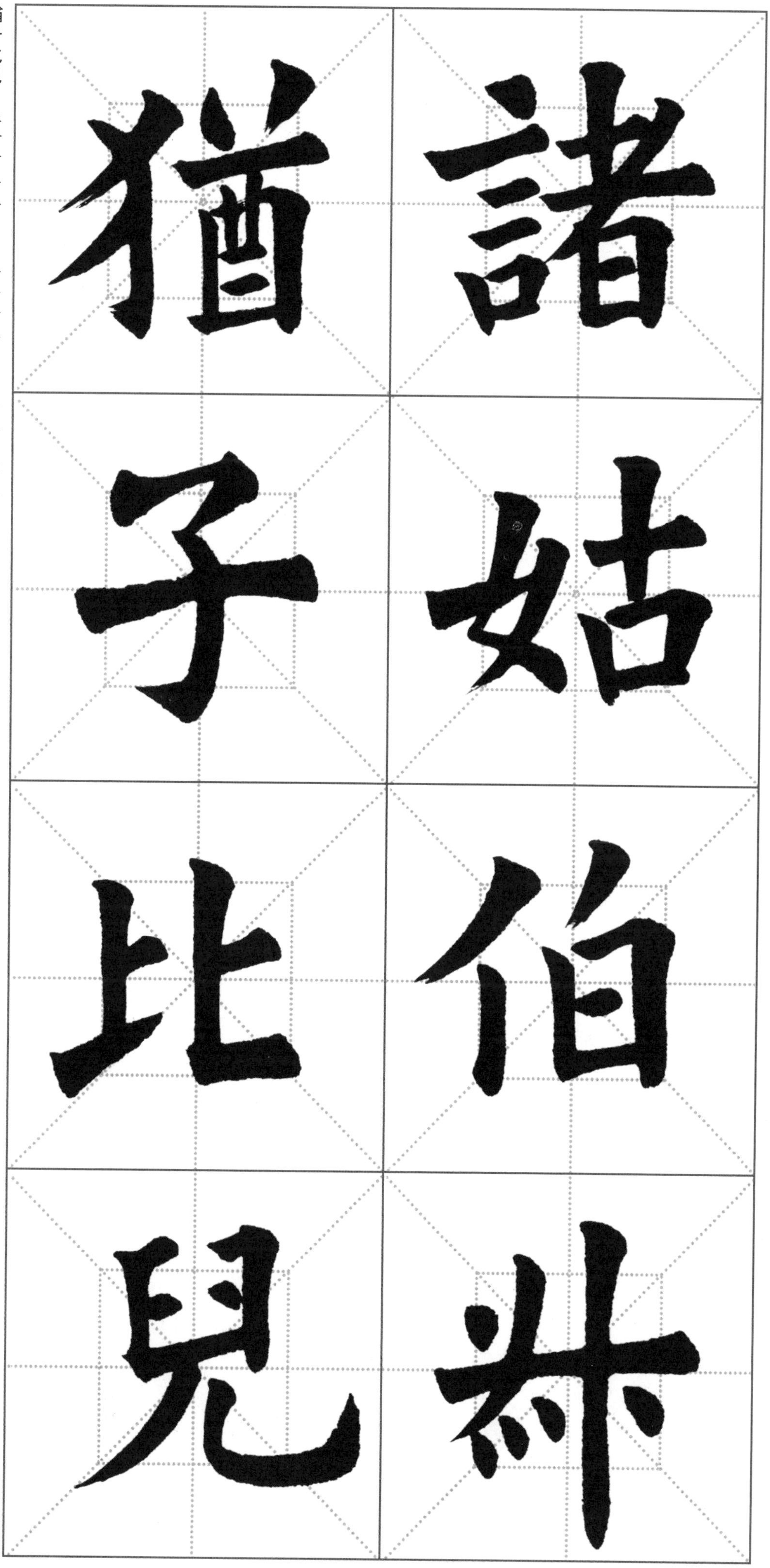

猶子比兒 조카들도 자기의 아들과 같이 취급하여야 한다.

猶 같을 유

姑 시어미 고

子 아들자

伯 맏 백

比 견줄 비

叔 아재비 숙

兒 아이 아

孔懷兄弟 형제는 서로 사랑하여 의좋게 지내야 한다.

孔 구멍 공

懷 품을 회

兄 맏형

弟 아우 제

同氣連枝 형제는 부모의 기운을 같이 받았으니 나무의 가지와 같다.

同 한가지 동

氣 기운 기

連 이어질 연

枝 가지 지

交友投分 벗을 사귈 때에는 서로가 분에 맞는 사람끼리 사귀어야 한다.

交 사귈 교

友 벗 우

投 던질 투

分 나눌 분

交友投分

切磨箴規 열심히 닦고 배워서 사람으로서의 도리를 지켜야 한다.

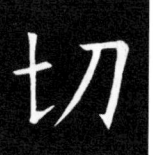

切 끊을 절 /모두 체

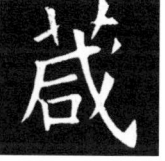

磨 갈 마

箴 경계 잠

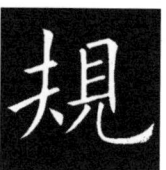

規 법 규

切磨箴規

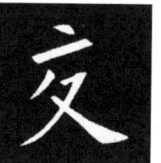

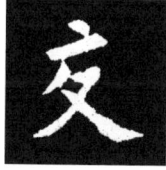

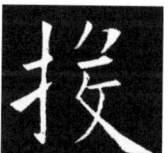

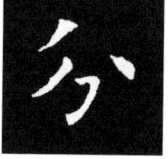

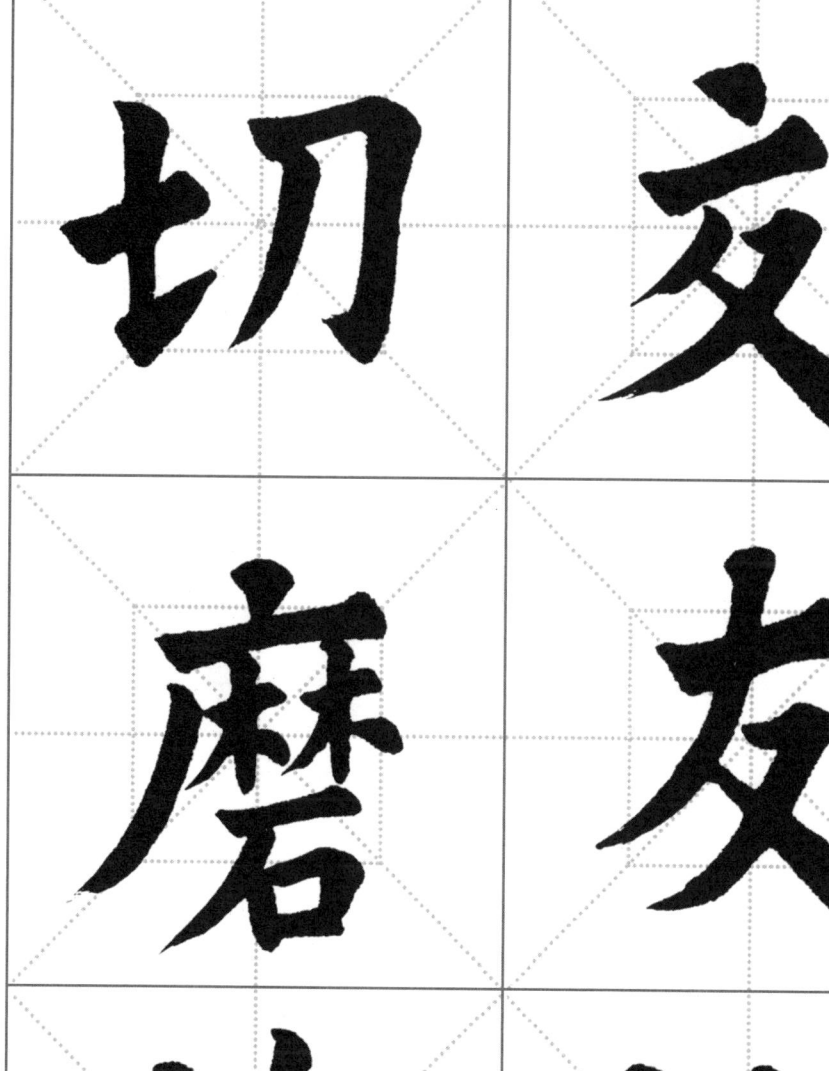

仁慈隱惻 어진 마음으로 남을 사랑하고 또는 이를 측은히 여겨야 한다.

造次弗離 남을 위한 동정심을 잠시라도 잊지 말고 항상 가져야 한다.

造 지을 조

次 버금 차

弗 아닐 불

離 떠날 리

仁 어질 인

慈 사랑할 자

隱 숨을 은

惻 슬플 측

節義廉退 청렴과 절개와 의리와 사양함과 물러감은 늘 지켜야 한다.

節 마디 절

義 옳을 의

廉 청렴 렴

退 물러갈 퇴

顚沛匪虧 엎드려지고 자빠져도 이지러지지 않으니 용기를 잃지 말라.

顚 엎드러질 전

沛 자빠질 패

匪 아닐 비

虧 이지러질 휴

心動神疲 마음이 움직이면 신기가 피곤하니 마음이 불안하면 신기가 불편하다.

心 마음 심

動 움직일 동

神 귀신 신

疲 피곤할 피

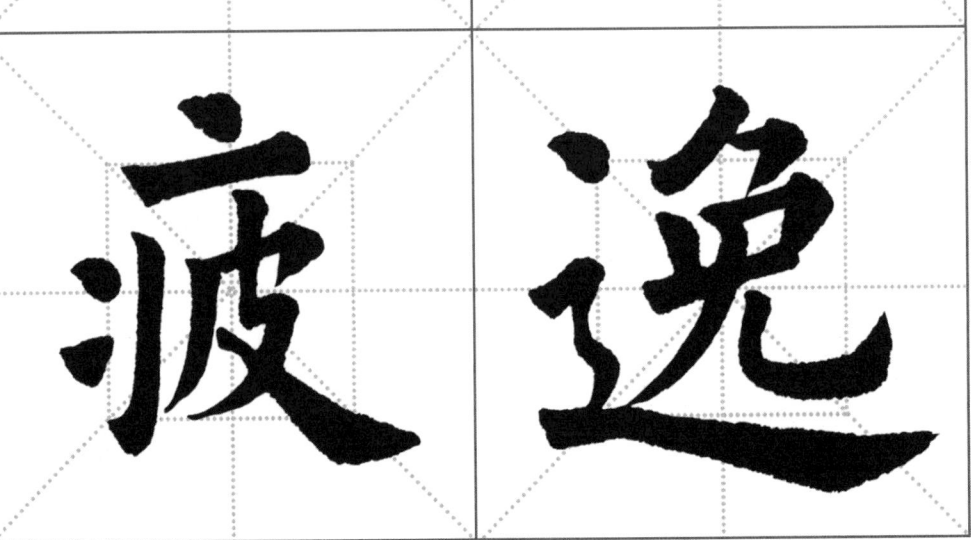

性靜情逸 성품이 고요하면 뜻이 편안하니 고요함은 천성이요 동작함은 인정이다.

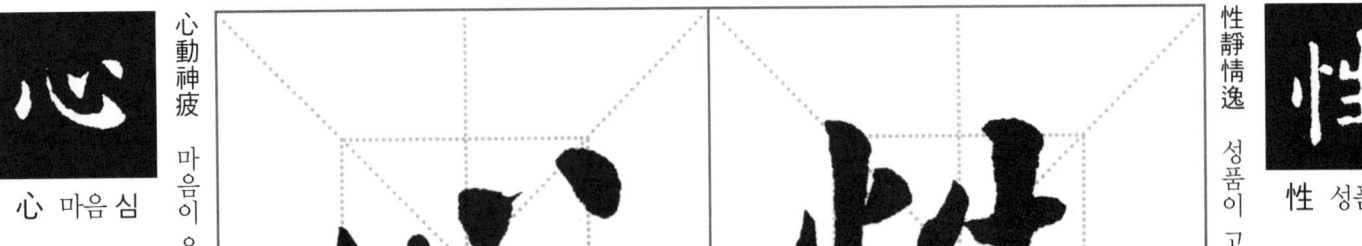
性 성품 성

靜 고요할 정

情 뜻 정

逸 편안할 일

守眞志滿 사람의 도리를 지키면 뜻이 차고 군자의 도를 지키면 뜻이 편안하다.

守 지킬 수

眞 참 진

志 뜻 지

滿 찰 만

逐物意移 마음이 불안함은 욕심이 있어서 그렇다. 너무 욕심내면 마음도 변한다.

逐 쫓을 축

物 만물 물

意 뜻 의

移 옮길 이

堅 굳을 견

持 가질 지

雅 우아할 아

操 잡을 조

堅持雅操 맑은 절조를 굳게 가지고 있으면 나의 도리를 극진히 함이라.

好 좋을 호

爵 벼슬 작

自 스스로 자

縻 얽을 미

好爵自縻 스스로 벼슬을 얻게 되니 찬작을 극진하면 인작이 스스로 이르게 된다.

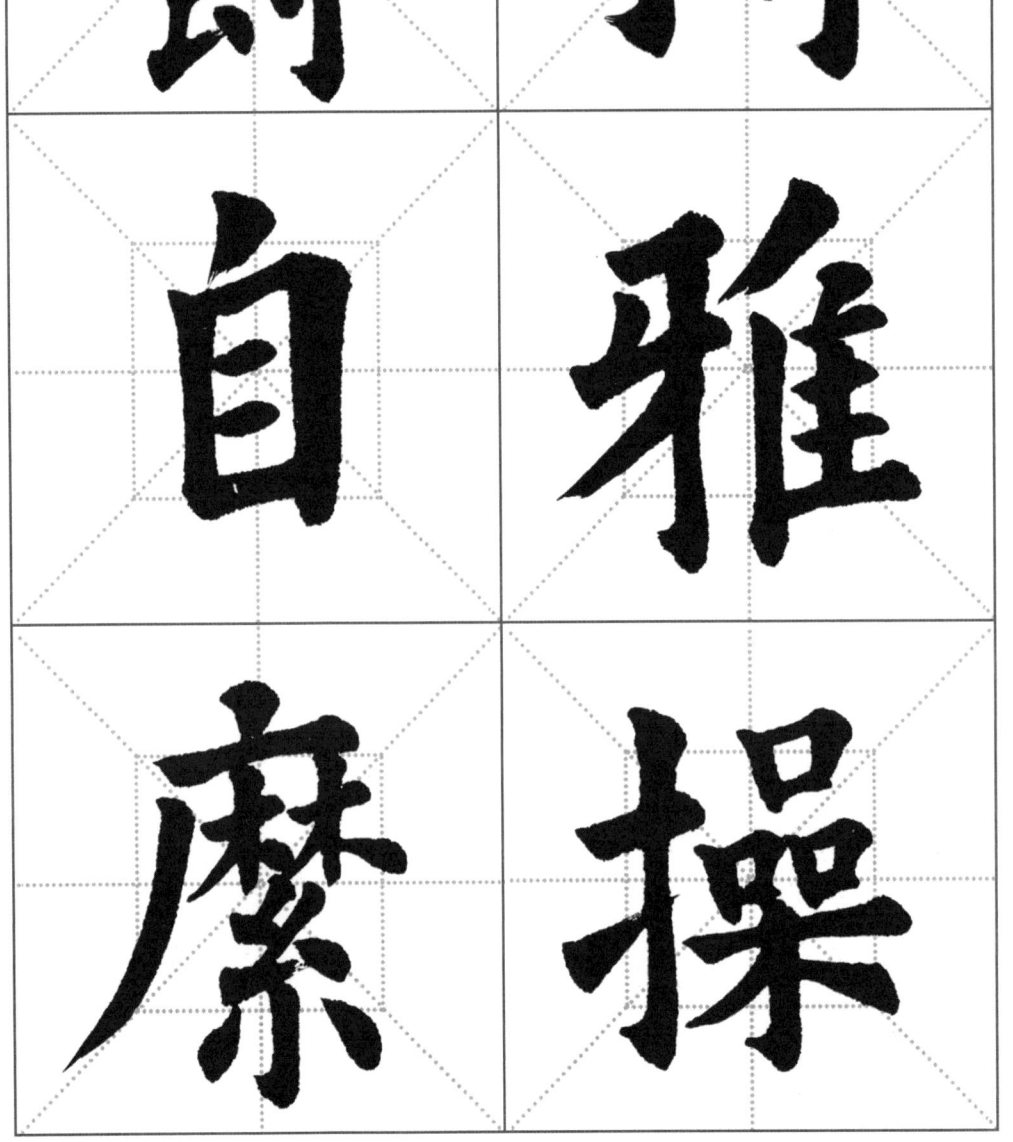

都邑華夏 도읍은 왕성의 지위를 말한 것이고 화하는 당시 중국을 지칭하던 말이다.

都 도읍 도

邑 고을 읍

華 빛날 화

夏 여름 하

東西二京 동과 서에 두 서울이 있으니 동경은 낙양이고 서경은 장안이다.

東 동녘 동

西 서녘 서

二 두 이

京 서울 경

背邙面洛 동경은 북에 북망산이 있고 낙양은 남에 낙천이 있다.

背 등 배

邙 산이름 망

面 낯 면

洛 강이름 락

浮渭據涇 위수에 뜨고 경수를 눌렀으니 장안은 서북에 위천, 경수 두 물이 있었다.

浮 뜰 부

渭 강이름 위

據 의거할 거

涇 통할 경

宮殿盤鬱 궁전은 울창한 나무 사이에 서린 듯 정하고

樓觀飛驚 궁전 가운데 있는 물건대는 높아서 올라가면 나는 듯하여 놀란다.

樓 다락 루

宮 집 궁

殿 큰집 전

盤 서릴 반

鬱 답답 울

觀 볼 관

飛 날 비

驚 놀랄 경

圖寫禽獸 궁전 내부에는 유명한 화가들이 그린 그림 조각 등으로 장식되어 있다。

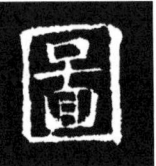

圖

圖 그림 도

寫

寫 베낄 사

禽

禽 날짐승 금

獸

獸 짐승 수

圖
寫
禽
獸

畫綵仙靈 신선과 신령의 그림도 화려하게 채색되어 있다。

畫

畫 그림 화

綵

綵 채색 채

仙

仙 신선 선

靈

靈 신령 령

畫
綵
仙
靈

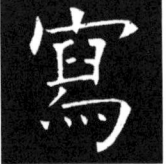

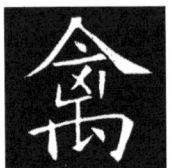

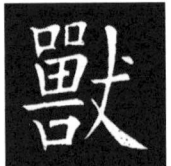

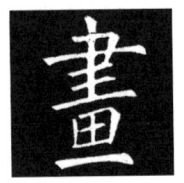

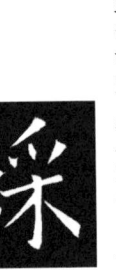

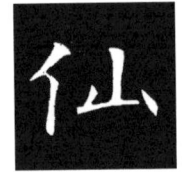

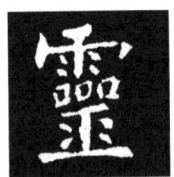

丙舍傍啓 병사 곁에 통고를 열어 궁전 내를 출입하는 사람들의 편리를 도모하였다.

甲帳對楹 아름다운 갑장이 기둥을 대하였으니 동방삭이 갑장을 지어 임금이 잠시 정지하는 곳이다.

甲 갑옷 갑
帳 휘장 장
對 대답할 대
楹 기둥 영

丙 남녘 병
舍 집 사
傍 곁 방
啓 열 계

肆筵設席 자리를 베풀고 돗자리를 베푸니 연회하는 좌석이다。

肆 베풀 사

筵 자리 연

設 베풀 설

席 자리 석

肆筵設席

鼓瑟吹笙

鼓瑟吹笙 비파를 치고 저를 부니 잔치하는 풍류이다。

鼓 북 고

瑟 비파 슬

吹 불 취

笙 생황 생

陛階納陛 문무백관이 계단을 올라 임금께 납폐하는 절차이니라.

弁轉疑星 많은 사람들의 관에서 번쩍이는 구슬이 별인줄 의심할 정도이다.

弁 고깔 변

轉 구를 전

疑 의심할 의

星 별 성

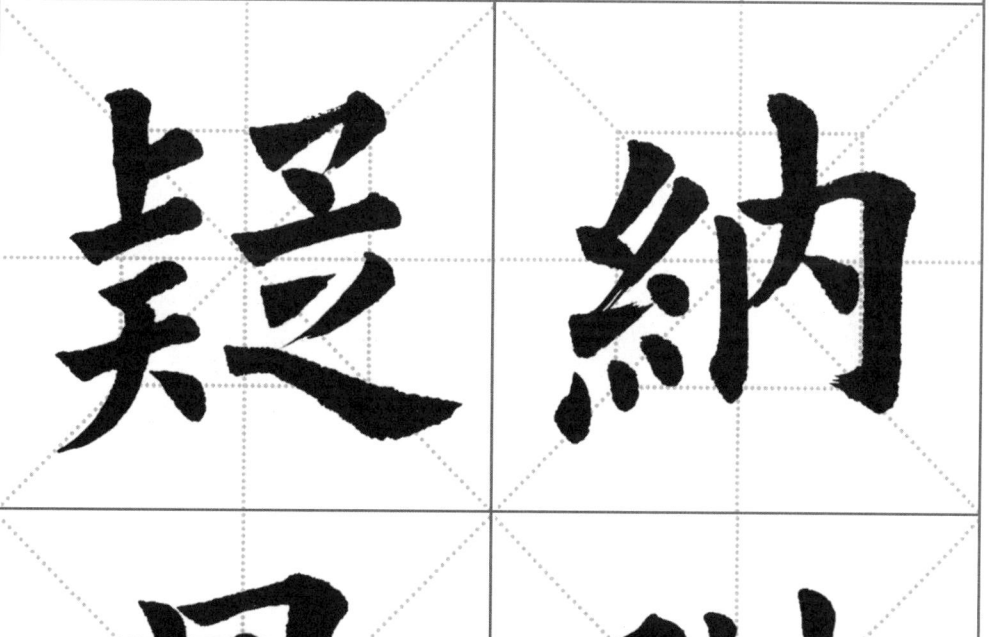

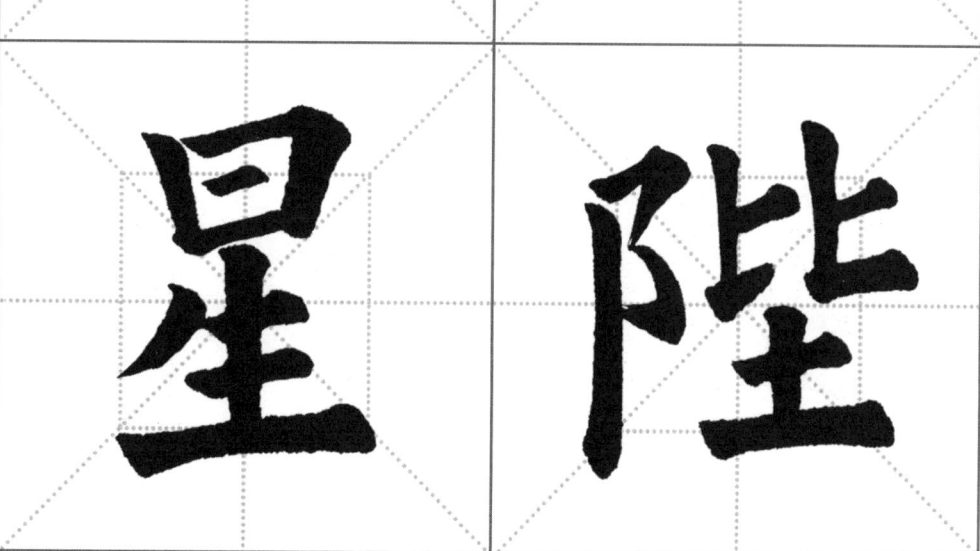

陞 오른쪽 승

階 뜰 계

納 바칠 납

陛 섬돌 폐

右通廣內 오른편에 광내가 통하니 광내는 나라 비서를 두는 집이다。

右 오른우

通 통할통

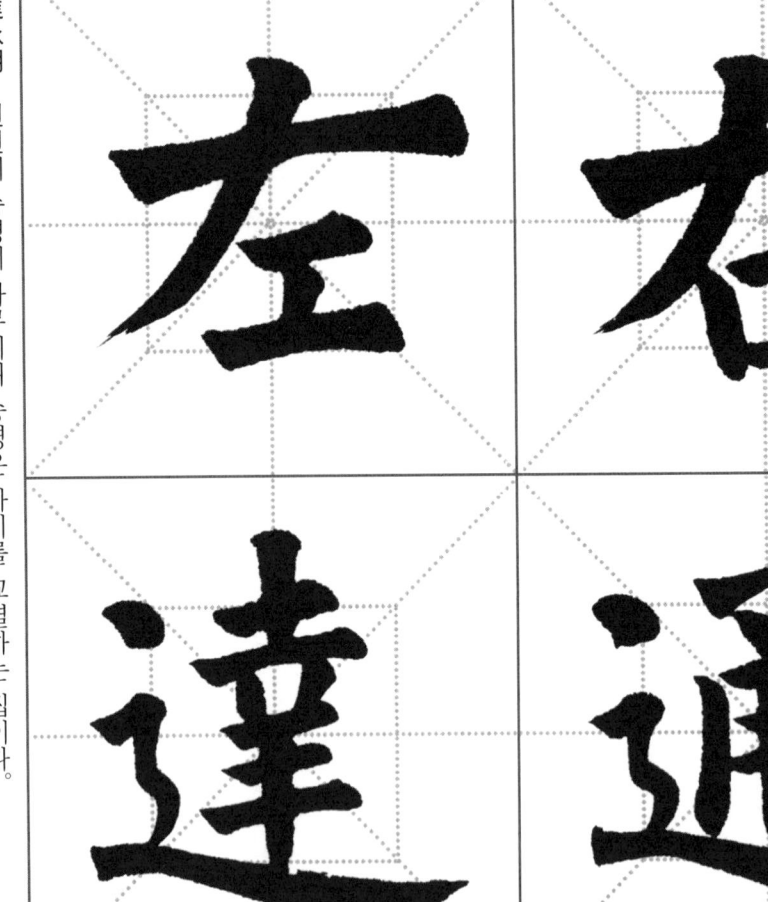

左達承明 왼편에 승명이 사무치니 승명은 사기를 교열하는 집이다。

左 왼좌

達 통달할달

承 이을승

廣 넓을광

明 밝을명

內 안내

旣集墳典 이미 분과 전을 모았으니 삼황의 글은 삼분이요 오제의 글은 오전이다.

亦聚群英 또한 여러 영웅을 모으니 분전을 강론하여 치국하는 도를 밝힘이라.

亦 또 역

聚 모을 취

群 무리 군

英 꽃부리 영

旣 이미 기

集 모을 집

墳 무덤 분

典 법 전

杜 막을 두

稾 볏짚 고

鍾 쇠북 종

隸 글씨 례

杜稾鍾隸 두경의 초서와 종요의 예서,

漆 옻칠할 칠

書 글씨 서

壁 벽 벽

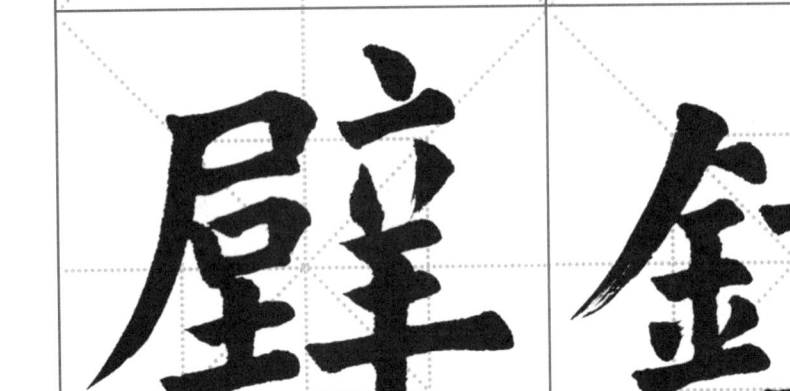

經 날 경

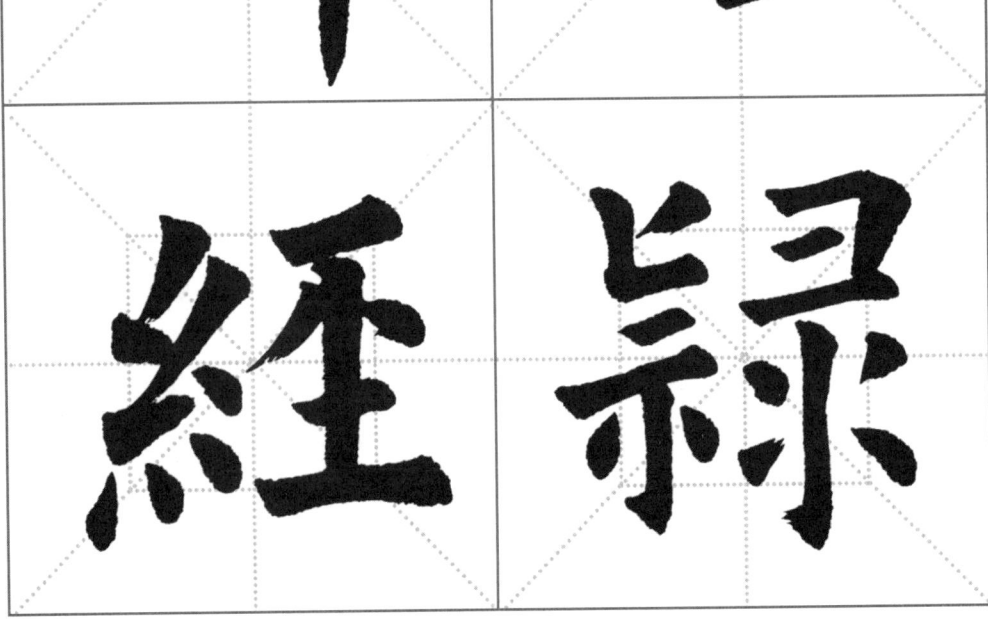

漆書壁經 옻칠로 竹簡에 쓴 孔子의 後孫이 벽속에서 발견한 육경도 있다.

府羅將相 마을 좌우에 장수와 정승이 벌려 있었다.

府 마을 부

羅 벌릴 라

將 장수 장

相 서로 상

路俠槐卿 길에 고위 고관인 삼공구경의 마차가 열지어 궁전으로 들어가는 모습이다.

路 길 로

俠 낄 협

槐 회화나무 괴

卿 벼슬 경

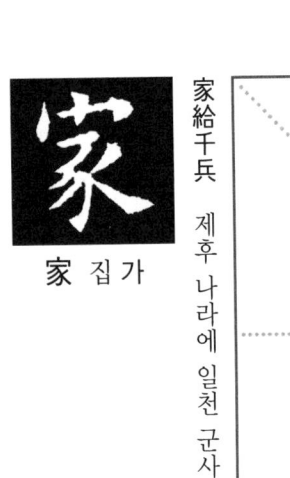

戶封八縣 한나라가 천하를 통일하고 여덟 고을 민호를 주어 공신을 봉하였다。

戶 지게 호

封 봉할 봉

八 여덟 팔

縣 고을 현

戶 封 八 縣

家給千兵 제후 나라에 일천 군사를 주어 그의 집을 호위시켰다。

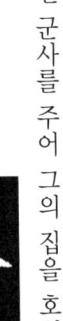

家 집 가

給 줄 급

千 일천 천

兵 군사 병

家 給 千 兵

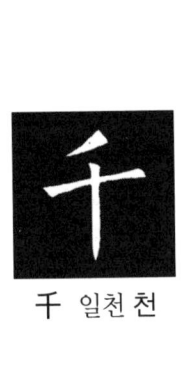

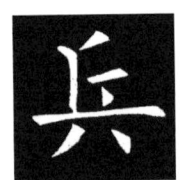

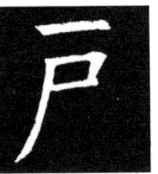

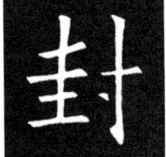

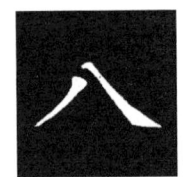

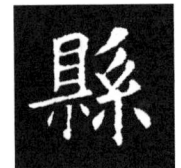

高冠陪輦 높은 관을 쓰고 연을 모시니 제후의 예로 대접했다.

高 높을 고

冠 갓 관

陪 더할 배

輦 손수레 련

驅轂振纓 수레를 몰며 갓끈이 떨치니 임금출행에 제후의 위엄이 있다.

驅 몰 구

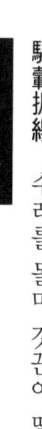
轂 바퀴 곡

振 떨친 진

纓 끈 영

車 수레 거

車駕肥輕 수레의 말은 살찌고 몸의 의복은 가볍게 차려져 있다.

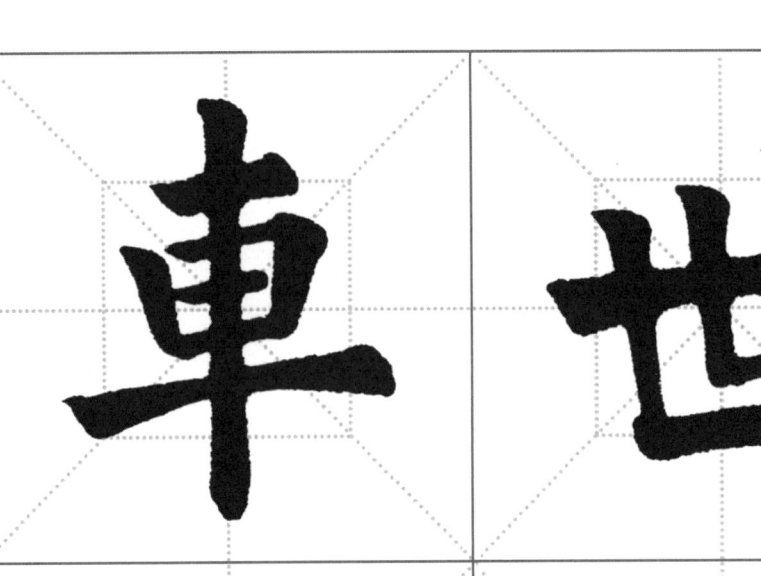

駕 멍에 가

肥 살찔 비

輕 가벼울 경

世祿侈富 대대로 녹이 사치하고 부하니 제후 자손이 세세 관록이 무성하여라.

世 세상 세

祿 녹 록

侈 사치할 치

富 부자 부

策功茂實 공을 꾀함에 무성하고 충실하러라.

勒碑刻銘 비를 세워 이름을 새겨서 그 공을 찬양하며 후세에 전하였다.

勒 굴레 륵

策 꾀 책

功 공 공

碑 비석 비

刻 새길 각

茂 무성할 무

實 열매 실

銘 새길 명

磻溪伊尹 문왕은 반계에서 강태공을 맞고 은왕은 신야에서 이윤을 맞이하였다。

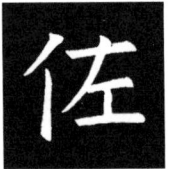

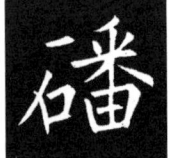

磻 강이름 반

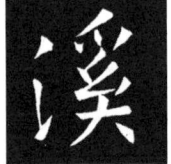

溪 시내 계

伊 저이

尹 다스릴 윤

磻 溪 伊 尹

佐 時 阿 衡

佐時阿衡 때를 돕는 아형이니 아형은 상나라 재상의 칭호이다。

佐 도울 좌

時 때 시

阿 언덕 아

衡 저울대 형

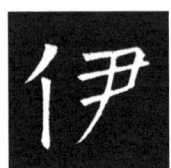

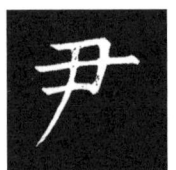

奄宅曲阜 주공이 큰 공이 있는 고로 노국을 봉한 후 곡부에다 궁전을 세웠다。

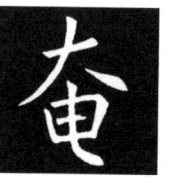

奄 문득 엄

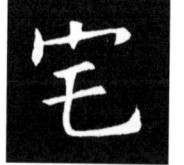

宅 집 댁/택

曲 굽을 곡

阜 언덕 부

奄宅曲阜

微旦孰營

微旦孰營 주공의 단이 아니면 어찌 큰 궁전을 세웠으리요。

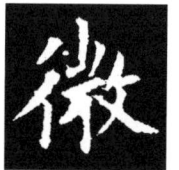

微 작을 미

旦 아침 단

孰 누구 숙

營 경영 영

濟 건널 제

弱 약할 약

扶 도울 부

傾 기울 경

濟弱扶傾 약한 나라를 구제하고 기울어지는 제신을 도와서 붙들어 주었다.

桓 굳셀 환

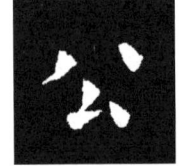
公 공변될 공

匡 바를 광

合 모을 합

桓公匡合 제나라 환공은 바르게 하고 모두었으니 초를 물리치고 난을 바로잡았다.

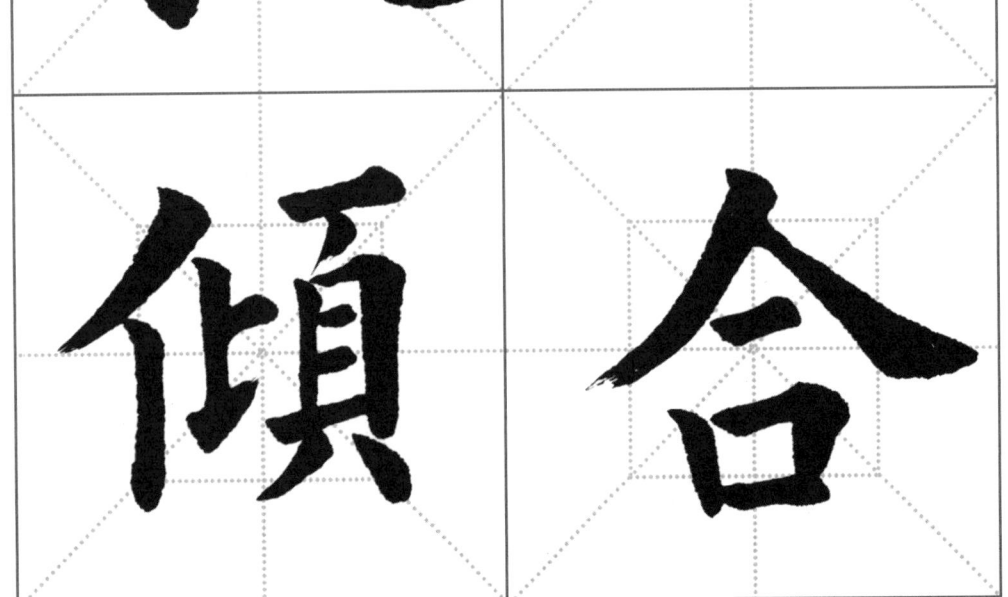

綺

綺 비단 기

回

回 돌아올 회

漢

漢 한수 한

惠

惠 은혜 혜

綺回漢惠 하나라 네 현인의 한 사람인 기가 한나라 혜제를 회복시켰다。

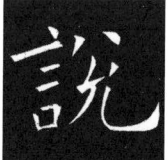

綺回漢惠

說感武丁

說感武丁 부열이 들에서 역사하매 무정의 꿈에 감동되어 곧 정승이 되었다。

說

說 말씀 설
/달랠 세
/기뻐할 열

感

感 느낄 감

武

武 호반 무

丁

丁 고무래 정

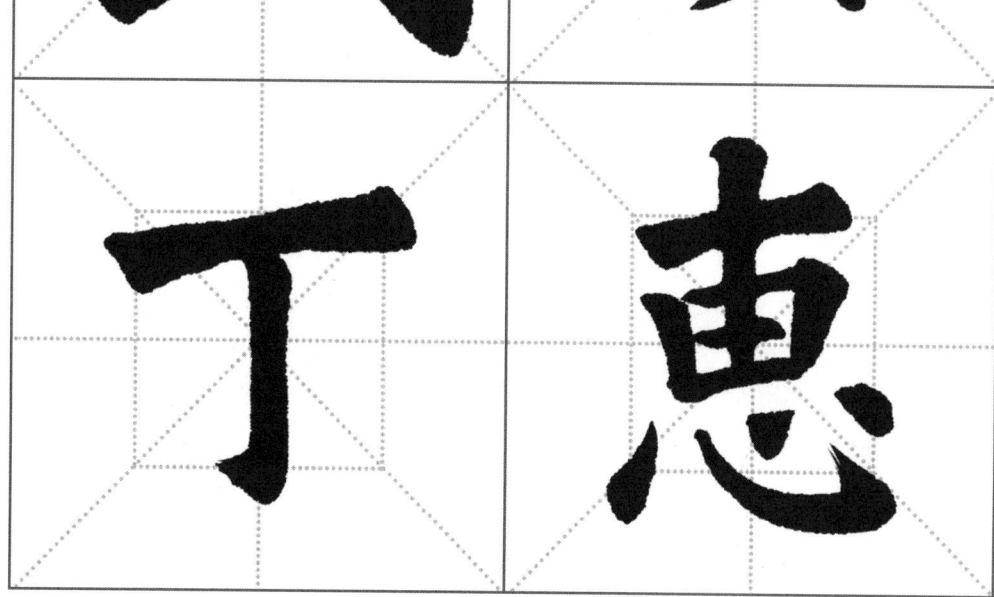

俊乂密勿 준걸과 재사가 조정에 모여 빽빽하더라.

俊 준걸 준

乂 어질 예

密 빽빽할 밀

勿 말 물

多士寔寧 준걸과 재사가 조정에 많으니 국가가 태평함이라.

多 많을 다

士 선비 사

寔 이 식

寧 편안 녕

晉楚更霸 진과 초가 다시 으뜸이 되니 진문공 초장왕이 패왕이 되니라.

晉 나라 진

楚 나라 초

更 다시 갱 /고칠 경

霸 으뜸 패

趙魏困橫 조와 위는 횡에 곤하니 육국때에 진나라를 섬기자 함을 횡이라 하니라.

趙 나라 조

魏 나라 위

困 곤할 곤

橫 비낄 횡

假 途 滅 虢

踐 土 會 盟

假 거짓 가

途 길 도

滅 멸할 멸

虢 나라 괵

假途滅虢 길을 빌려 괵국을 멸하니 진헌공이 우국길을 빌려 괵국을 멸하였다。

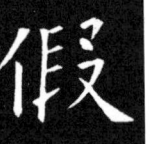

踐土會盟 진문공이 제후를 천토에 모아 맹세하고 협천자영 제후하니라。

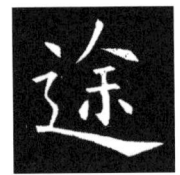

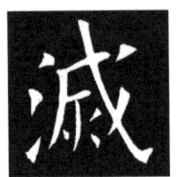

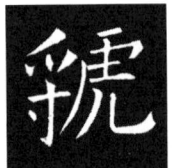

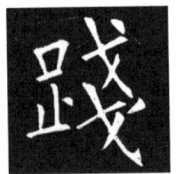

踐 밟을 천

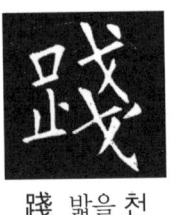

土 흙 토

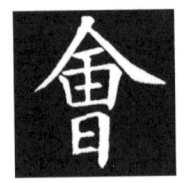

會 모일 회

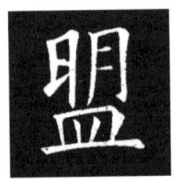

盟 맹세 맹

何遵約法 소하는 한고조로 더불어 약법삼장을 정하여 준행하리라.

何 어찌 하
遵 좇을 준
約 약속할 약
法 법 법

韓弊煩刑 한비는 진왕을 달래 번거로운 형벌을 펴다가 그 형벌에 죽는다.

韓 나라 한
弊 해질 폐
煩 번거로울 번
刑 형벌 형

起䎡頗牧 백기와 왕전은 진나라 장수요 염파와 이목은 조나라 장수였다.

起 일어날 기

䎡 자를 전

頗 자못 파

牧 칠 목

用 쓸 용

用軍最精 군사 쓰기를 가장 정결히 하였다.

軍 군사 군

最 가장 최

精 정할 정

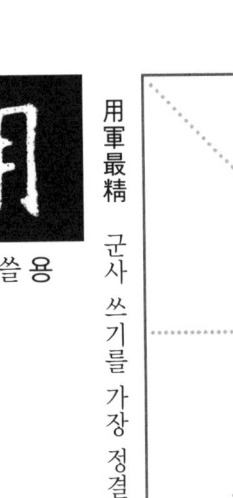

宣威沙漠 장수로서 그 위엄은 멀리 사막에까지 퍼졌다.

宣 베풀 선

威 위엄 위

沙 모래 사

漠 아득할 막

馳譽丹靑 그 이름은 생전뿐 아니라 죽은 후에도 전하기 위하여 초상을 기린각에 그렸다.

馳 달릴 치

譽 칭찬할 예

丹 붉을 단

靑 푸를 청

九州禹跡 하우씨가 구주를 분별하니 기, 연, 청, 서, 양, 옹, 구주이다.

百郡秦并 진시황이 천하봉군하는 법을 폐하고 일백 군을 두었다.

九 아홉 구

州 고을 주

禹 하우씨 우

跡 자취 적

百 일백 백

郡 고을 군

秦 나라 진

并 아우를 병

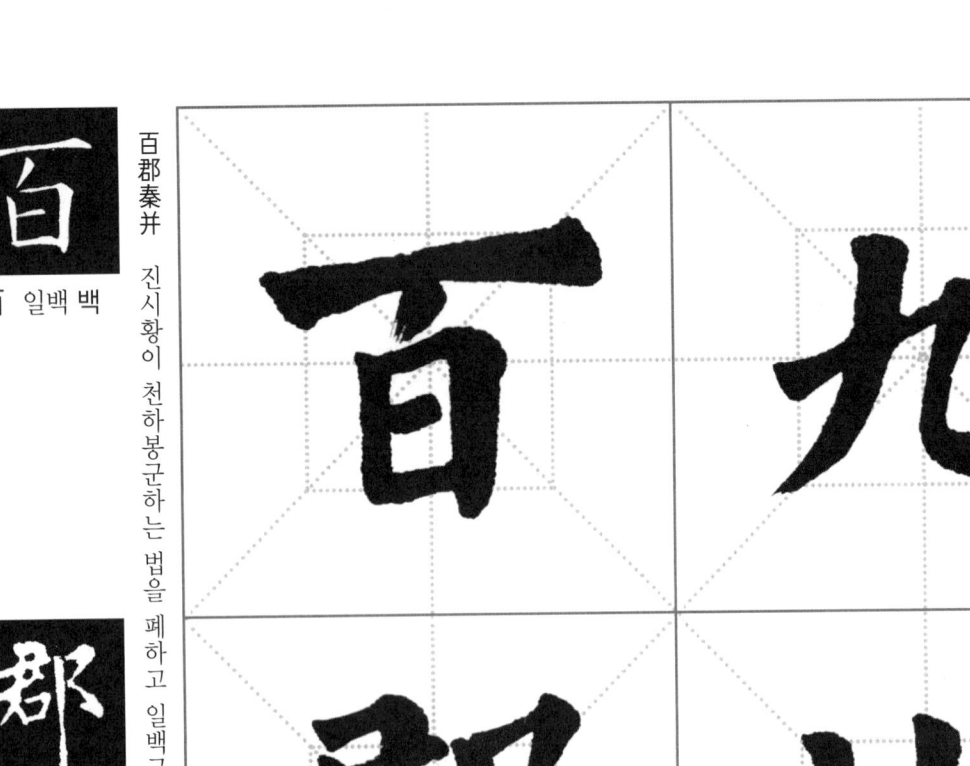

嶽宗恒岱 오악은 동태산, 서화산, 남형산, 북항산, 중숭산이니 항산과 태산이 조종이라.

嶽 산마루 악

宗 마루 종

恒 항상 항

岱 뫼 대

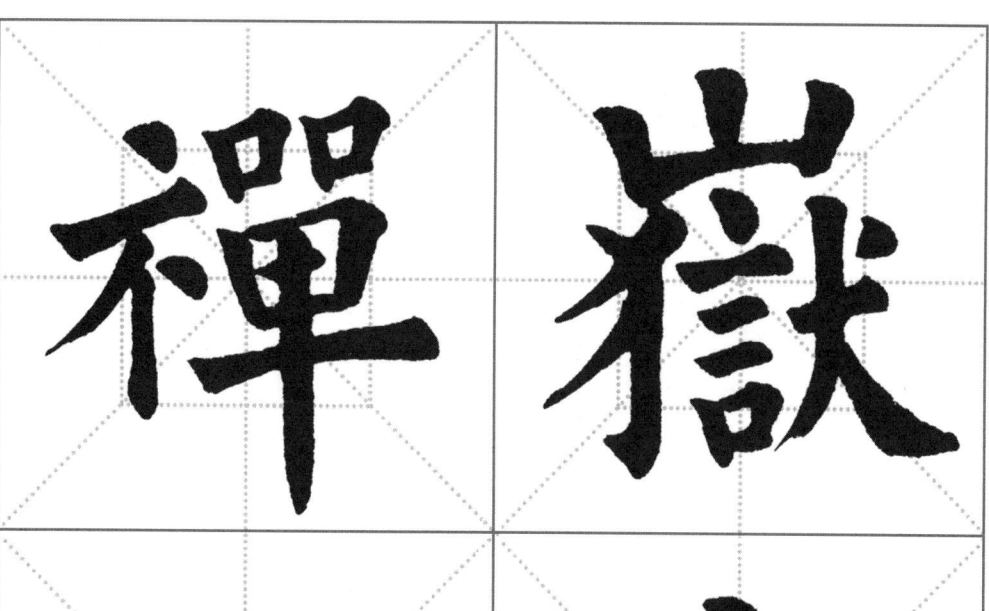

禪主云亭 운과 정은 천자를 봉선하고 제사하는 곳이니 운정은 태산에 있다.

禪 터닦을 선

主 임금 주

云 이를 운

亭 정자 정

雁門紫塞 안문은 봄기러기 북으로 가는 고로 안문이고 흙이 붉은 고로 자색이라 하였다.

雁 기러기 안

門 문 문

紫 붉을 자

塞 변방 새

鷄田赤城 계전은 옹주에 있는 고을이고 적성은 기주에 있는 고을이다.

鷄 닭 계

田 밭 전

赤
赤 붉을 적

城
城 성 성

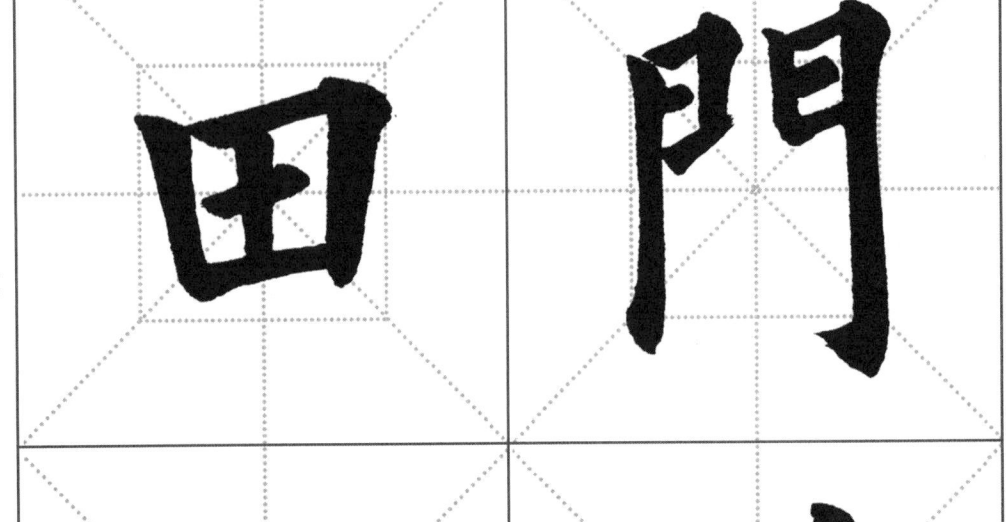

鉅野洞庭 거야는 태산 동편에 있는 광야 동정은 호남성에 있는 중국 제일의 호수이다.

鉅 클 거
野 들 야
洞 골 동 /꿰뚫을 통
庭 뜰 정

昆池碣石 곤지는 운남 곤명현에 있고 갈석은 부평현에 있다.

昆 맏 곤
池 못 지
碣 돌 갈
石 돌 석

曠遠綿邈

산, 벌판, 호수 등이 아득하고 멀리 그리고 널리 줄지어 있음을 말한다.

曠 빌 광

遠 멀 원

綿 이어질 면

邈 멀 막

巖岫杳冥

큰 바위와 메뿌리가 묘연하고 아득함을 말한다.

巖 바위 암

岫 메뿌리 수

杳 아득할 묘

冥 어두울 명

治本於農 다스리는 것은 농사를 근본으로 하니 중농 정치를 이른다.

治 다스릴 치

本 근본 본

於 어조사 어

農 농사 농

務茲稼穡 때맞춰 심고 힘써 일하며 많은 수익을 거둔다.

務 힘쓸 무

茲 이자

稼 심을 가

穡 거둘 색

我 나아

藝 재주 예

黍 기장 서

稷 피 직

我藝黍稷 나는 기장과 피를 심는 일에 열중하겠다.

俶 비로소 숙

載 실을 재

南 남녘 남

畝 이랑 묘

俶載南畝 비로소 남양의 밭에서 농작물을 배양한다.

144

稅熟貢新 곡식이 익으면 부세하여 국용을 준비하고 신곡으로 종묘에 제사를 올린다.

稅 징수할 세

熟 익을 숙

貢 바칠 공

新 새 신

勸賞黜陟 농민의 의기를 앙양키 위하여 열심인 자는 상주고 게을리한 자는 출척하였다.

勸 권할 권

賞 상줄 상

黜 물리칠 출

陟 오를 척

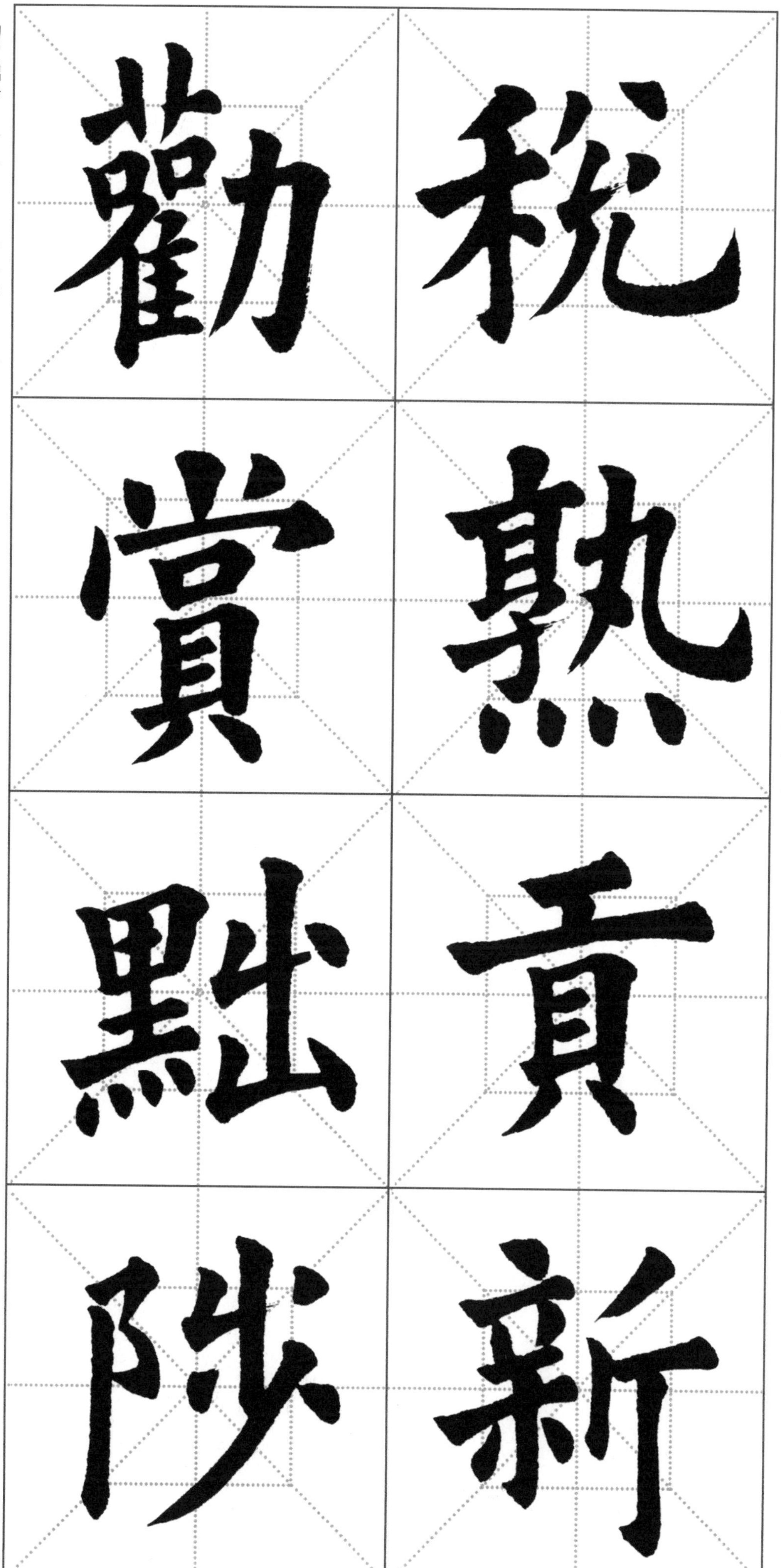

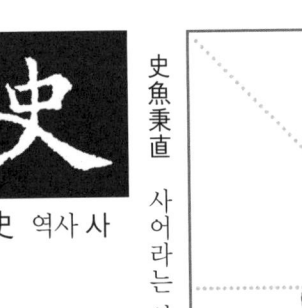

史魚秉直 사어라는 사람은 위나라 태부였으며 그 성격이 매우 강직하였다.

史 역사 사

魚 물고기 어

秉 잡을 병

直 곧을 직

孟軻敦素 맹자는 그 모친의 교훈을 받아 자사문하에서 배웠다.

孟 맏 맹

軻 수레 가

敦 도타울 돈

素 흴 소

庶幾中庸 어떠한 일이나 한쪽으로 기울어지게 일하면 안 된다.

庶 여러 서

幾 몇 기

中 가운데 중

庸 떳떳 용

勞謙謹勅 근로하고 겸손하며 삼가고 신칙하면 중용의 도에 이른다.

勞 힘쓸 로

謙 겸손 겸

謹 삼갈 근

勅 칙서 칙

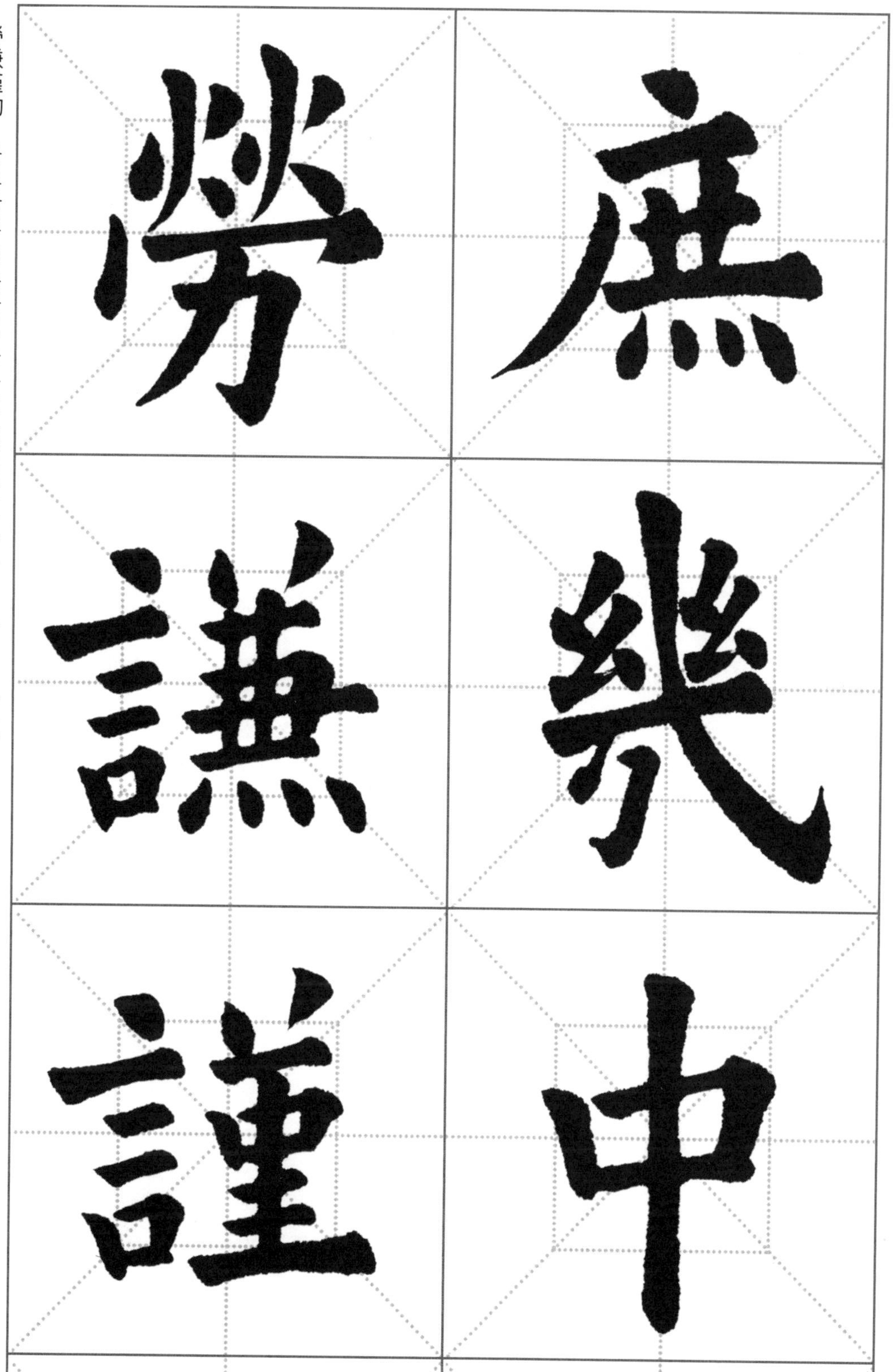

聆音察理 소리를 듣고 그 거동을 살피니 조그마한 일이라도 주의하여야 한다.

聆 들을 령

音 소리 음

察 살필 찰

理 다스릴 리

鑑貌辨色 모양과 거동으로 그 마음속을 분별할 수 있다.

鑑 거울 감

貌 모양 모

辨 분별 변

色 빛 색

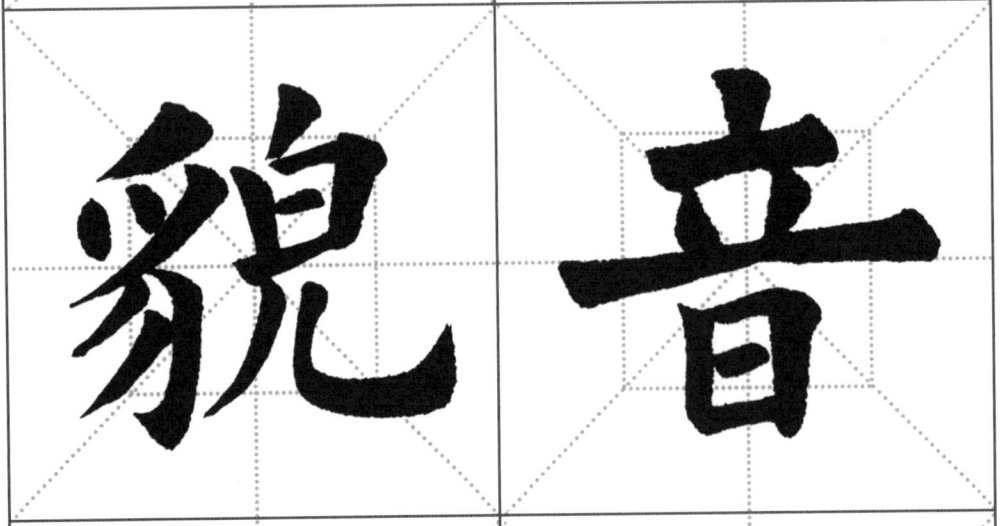

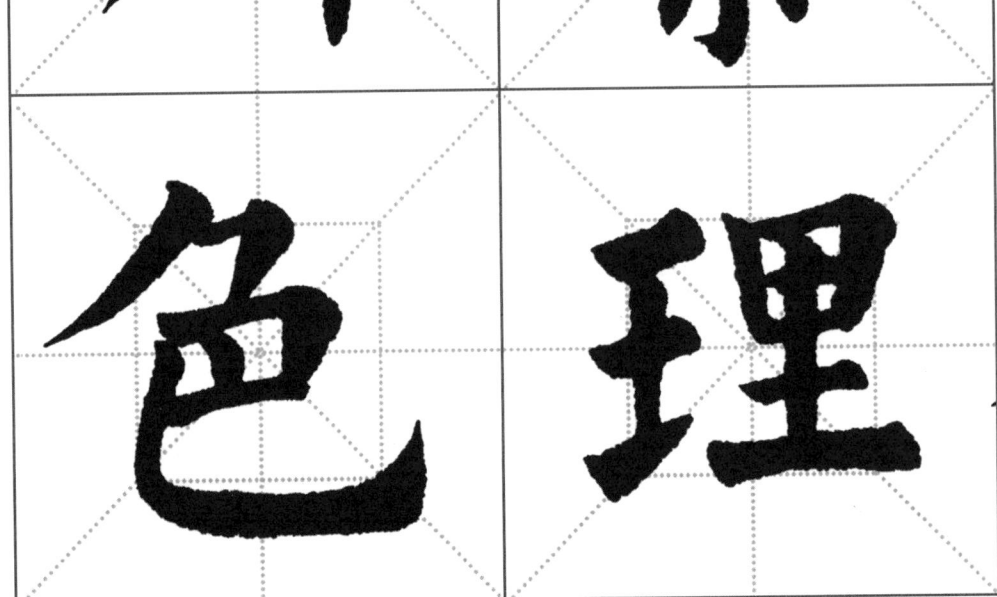

勉其祗植 착한 것으로 자손에 줄 것을 힘써야 좋은 가정을 이룰 것이다.

勉 힘쓸 면
其 그 기
祗 공경 지
植 심을 식

貽厥嘉猷 도리를 지키고 착함으로 자손에 좋은 것을 끼쳐야 한다.

貽 끼칠 이
厥 그 궐
嘉 아름다울 가
猷 꾀 유

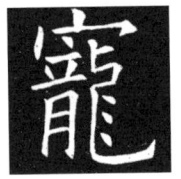

省 살필 성 /덜 생

躬 몸 궁

譏 나무랄 기

誡 경계 계

省躬譏誡

나무람과 경계함이 있는가 염려하며 몸을 살피라。

省 躬 譏 誡

寵 고일 총

增 더할 증

抗 저항할 항

極 다할 극

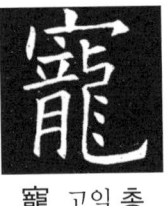

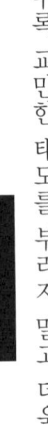

寵增抗極

총애가 더할수록 교만한 태도를 부리지 말고 더욱 조심하여야 한다。

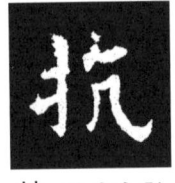

寵 增 抗 極

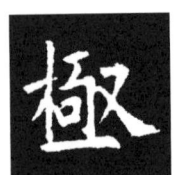

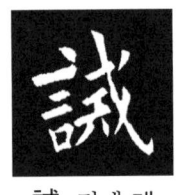

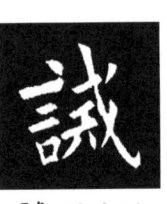

林 수풀 림

殆 위태 태

林皐幸卽 부귀할지라도 겸토하여 산간 수풀에서 편히 지내는 것도 다행한 일이다.

殆辱近恥 총애를 받는다고 욕된 일을 하면 머지 않아 위태함과 치욕이 온다.

辱 욕할 욕

皐 언덕 고

近 가까울 근

幸 다행 행

卽 곧 즉

恥 부끄러울 치

兩疏見機 한나라의 소광과 소수는 기틀을 보고 상소하고 낙향했다.

兩 두 량

疏 상소할 소

見 볼 견
/나타날 현

機 틀 기

解組誰逼 관의 끈을 풀어 사직하고 돌아가니 누가 핍박하리요.

解 풀 해

組 짤 조

誰 누구 수

逼 핍박할 핍

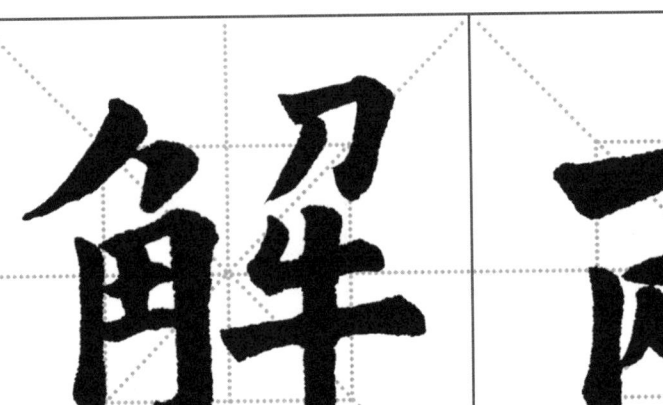

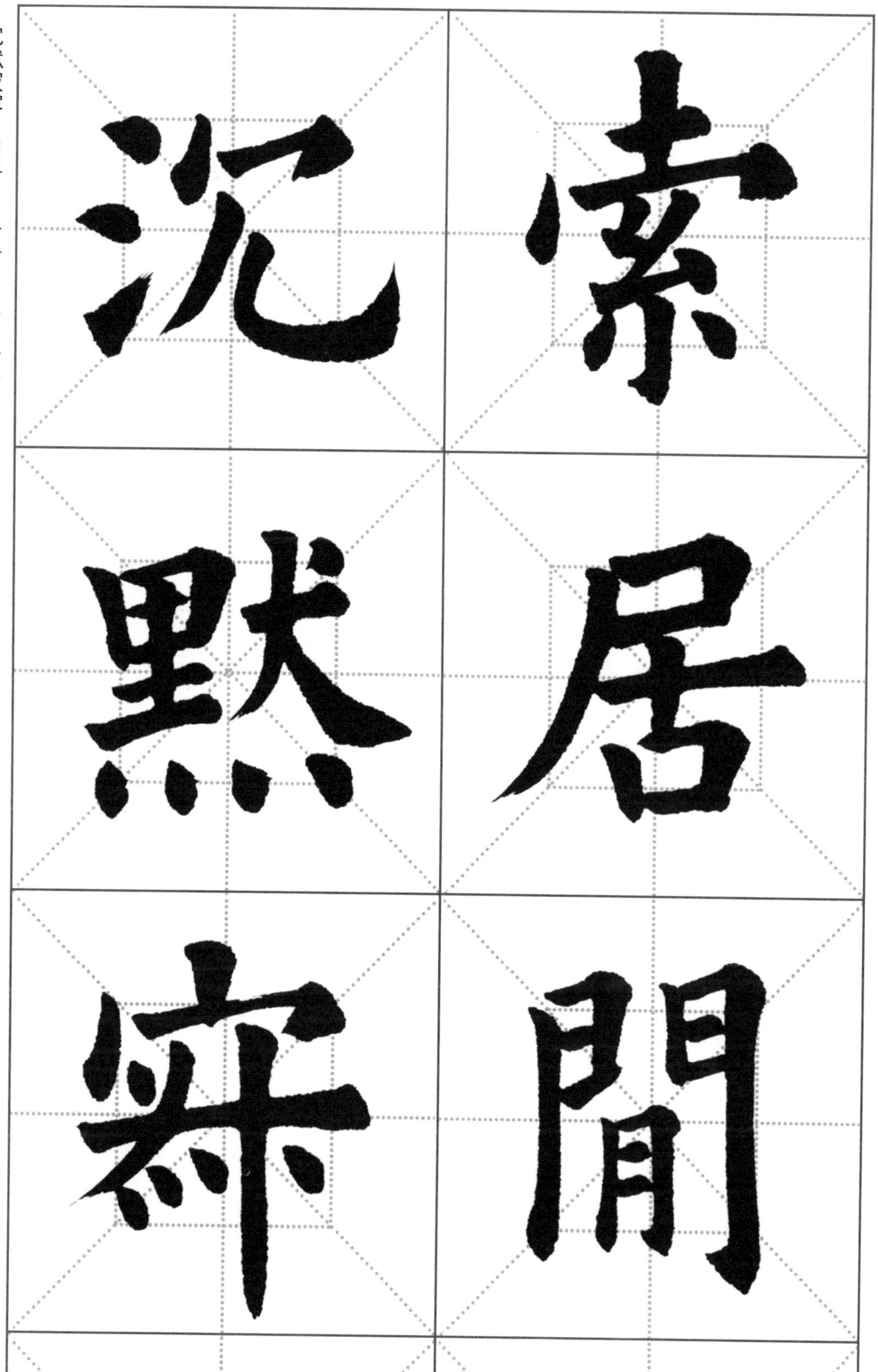

索居閑處 퇴직하여 한가한 곳에서 세상을 보냈다.

索 찾을 색
居 살 거 
閑 한가한 
處 곳 처 

沈默寂寥 세상에 나와서 교제하는 데도 언행에 침착해야 한다.

沈 잠길 침
默 잠잠할 묵 
寂 고요할 적 
寥 고요 요

求古尋論 예를 찾아 의논하고 고인을 찾아 토론한다.

求 구할 구

尋 찾을 심

論 의논할 론

散慮逍遙 세상일을 잊어버리고 자연 속에서 한가하게 즐긴다.

散 흩을 산

慮 생각 려

逍 거닐 소

遙 멀 요

欣奏累遣 기쁨은 아뢰고 더러움은 보내니,

欣 기쁠 흔

奏 아뢸 주

累 여러 루

遣 보낼 견

感謝歡招 심중의 슬픈 것은 없어지고 즐거움만 부른 듯이 오게 된다.

感 슬플 척

謝 사례 사

歡 기뻐할 환

招 부를 초

渠荷的歷 개천의 연꽃도 아름다우니 향기를 잡아볼 만하다.

渠 개천 거

荷 연꽃 하

的 과녁 적

歷 지낼 력

園莽抽條 동산의 풀은 땅속 양분으로 가지가 뻗고 크게 자란다.

園 동산 원

莽 풀 망

抽 빼낼 추

條 조목 조

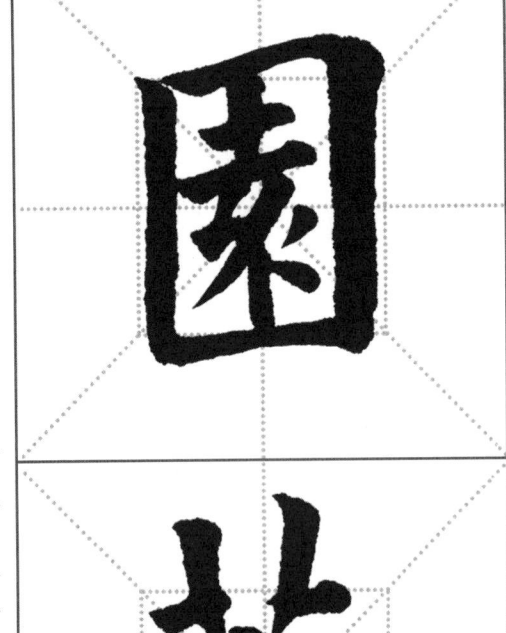

梧 오동 오

桐 오동 동

早 이를 조

凋 시들 조

梧桐早凋 오동잎은 가을이면 다른 나무보다 먼저 마른다.

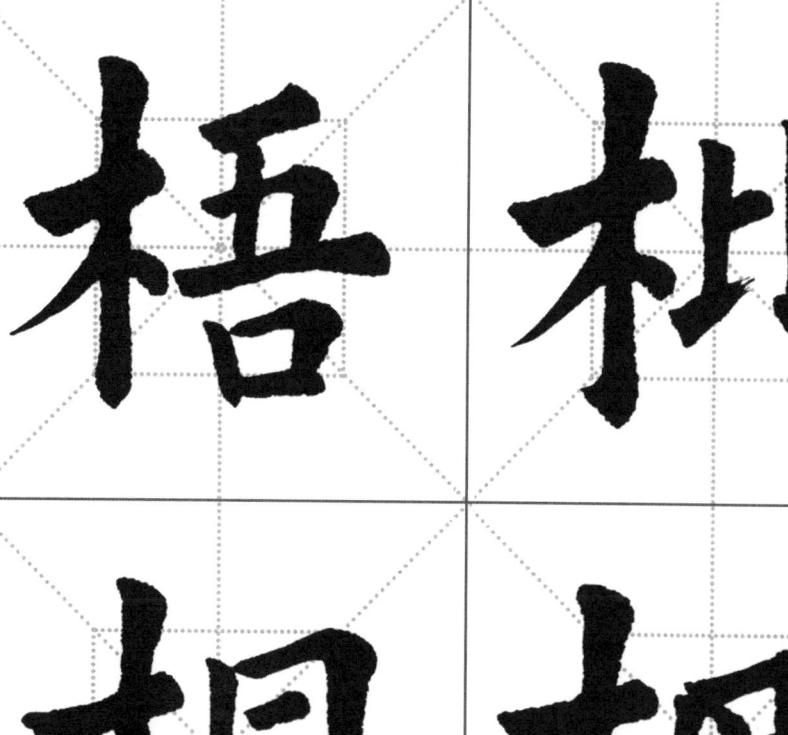

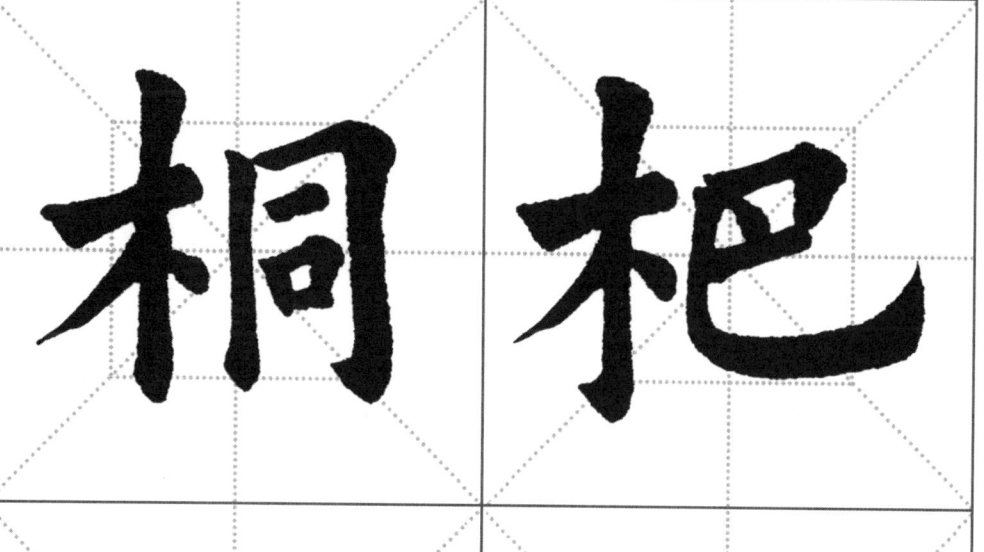

枇 비파나무 비

杷 비파나무 파

晚 늦을 만

翠 푸를 취

枇杷晚翠 비파나무는 늦은 겨울에도 그 빛은 푸르다.

落 떨어질 락

葉 잎사귀 엽

落葉飄颻 가을이 오면 낙엽이 펄펄 날리며 떨어진다.

陳 베풀 진

根 뿌리 근

陳根委翳 가을이 오면 오동뿐 아니라 고목의 뿌리는 시들어 마른다.

委 맡길 위

飄 나부낄 표

翳 가릴 예

颻 나부낄 요

凌 업신여길 릉

摩 만질 마

絳 붉을 강

霄 하늘 소

凌摩絳霄 적색의 大空을 업신여기는 듯이 선회하고 있다.

游鯤獨運 곤새가 자유로이 홀로 날개를 펴고 運回하고 있다.

游 헤엄칠 유

鯤 고기 곤

獨 홀로 독

運 운전 운

耽讀翫市 하나라의 왕충은 독서를 즐겨 서점에 가서 탐독하였다.

耽 즐길 탐

讀 읽을 독 /이두 두

翫 가지고놀 완

市 저자 시

寓目囊箱 왕충이 한번 읽으면 잊지 아니하여 글을 주머니나 상자에 둠과 같다고 하였다.

寓 붙일 우

目 눈 목

囊 주머니 낭

箱 상자 상

易 輶 攸 畏

屬 耳 垣 墻

易輶攸畏 매사를 소홀히 하고 경솔함은 군자가 진실로 두려워하는 바이다。

易 쉬울 이 /바꿀 역

輶 가벼울 유

攸 바 유

畏 두려워할 외

屬耳垣墻 담장에도 귀가 있다는 말과 같이 경솔히 말하는 것을 조심하라。

屬 붙을 속 /이을 촉

耳 귀 이

垣 담 원

墻 담 장

具膳飡飯 반찬을 갖추고 밥을 먹으니

具 갖출 구

膳 반찬 선

飡 먹을 찬

飯 밥 반

適口充腸 훌륭한 음식이 아니라도 입에 맞으면 배를 채운다.

適 마침 적

口 입구

充 채울 충

腸 창자 장

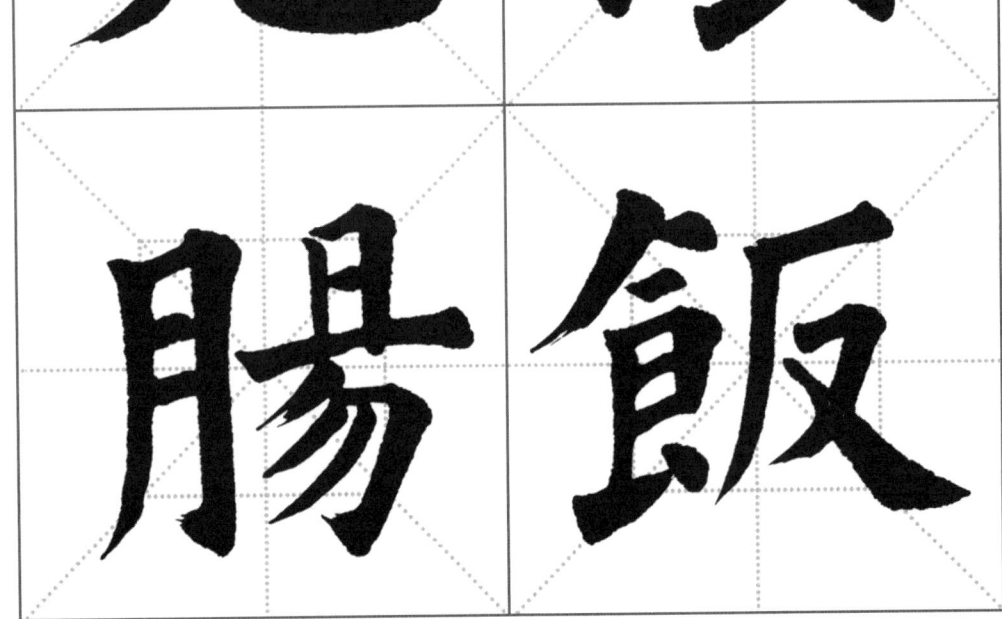

飢 주릴 기

厭 싫을 염 / 족할 염

糟 재강 조

糠 겨 강

飢厭糟糠 반대로 배가 고플 때에는 겨와 재강도 맛있게 되는 것이다.

飽飫烹宰 배부를 때에는 아무리 좋은 음식이라도 그 맛을 모른다.

飽 배부를 포

飫 배부를 어 / 먹기싫을 어

烹 삶을 팽

宰 재상 재

老 늙을 로

少 젊을 소

異 다를 이

糧 양식 량

老少異糧 늙은이와 젊은이의 식사가 다르다.

親 친할 친

戚 겨레 척

故 연고 고

舊 옛구

親戚故舊 친은 동성지친이고 척은 이성지친이요 고구는 오랜 친구를 말한다.

妾御績紡 남자는 밖에서 일하고 여자는 안에서 길쌈을 짜니라.

妾 첩첩
御 모실 어
績 길쌈 적
紡 길쌈 방

侍巾帷房 유방에서 모시고 수건을 받드니 처첩이 하는 일이다.

侍 모실 시
巾 수건 건
帷 장막 유
房 방 방

銀 은 은

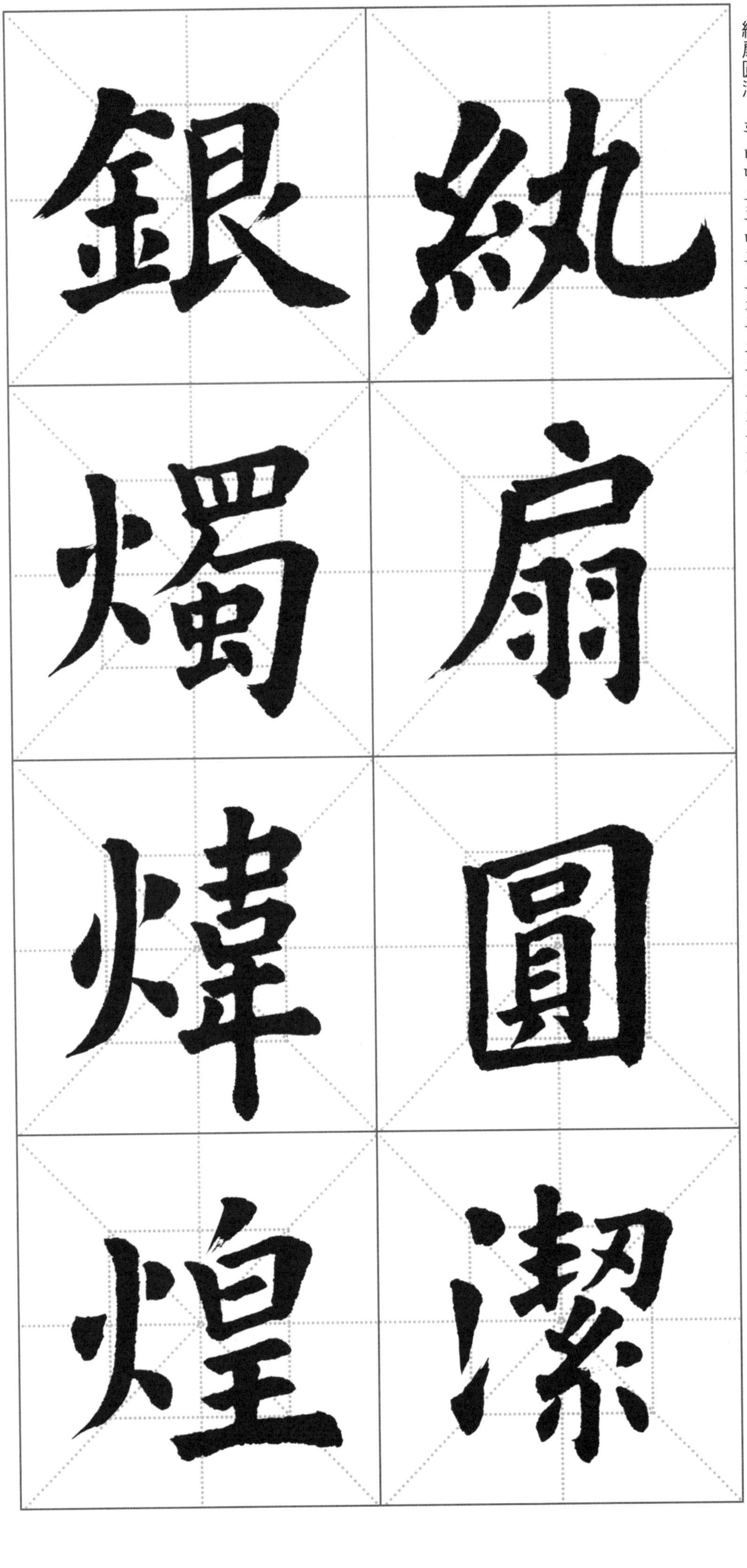

銀燭煒煌 은촛대의 촛불은 빛나서 휘황 찬란하다.

燭 촛불 촉

煒 빛날 휘

煌 빛날 황

紈 흰비단 환

紈扇圓潔 흰 비단으로 만든 부채는 둥글고 깨끗하다.

扇 부채 선

圓 둥글 원

潔 깨끗할 결

晝眠夕寐 낮에 낮잠 자고 밤에 일찍 자니 한가한 사람의 일이다.

晝 낮 주

眠 잘 면

夕 저녁 석

寐 잘 매

藍筍象牀 푸른 대순과 코끼리 상이니 즉 한가한 사람의 침대이다.

藍 쪽 람

筍 죽순 순

象 코끼리 상

牀 상 상
=床

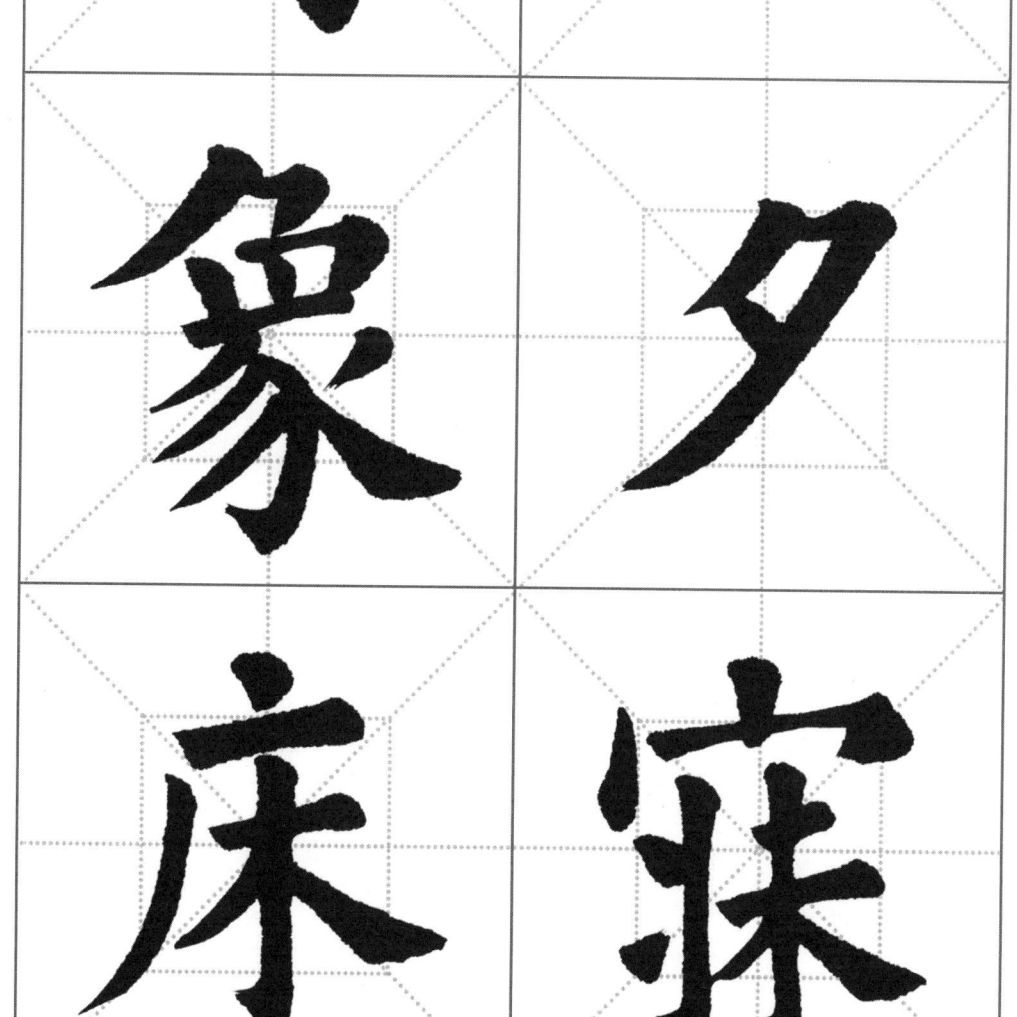

絃歌酒讌 거문고를 타며 술과 노래로 잔치하니。

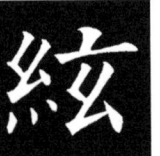

絃 줄현

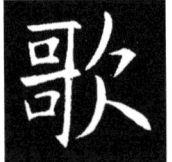

歌 노래가

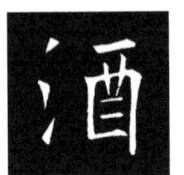

酒 술주

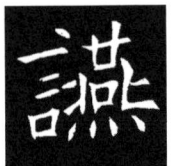

讌 잔치연

絃 歌 酒 讌

接 杯 擧 觴

接杯擧觴 작고 큰 술잔을 서로 주고받으며 즐기는 모습이다。

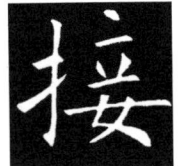

接 이을접

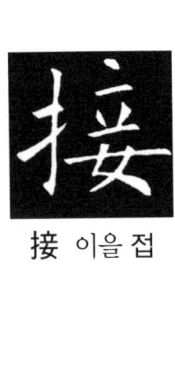

杯 잔배

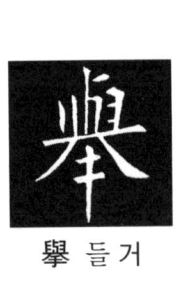

擧 들거

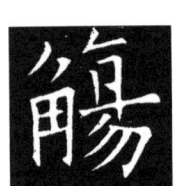

觴 잔상

矯手頓足 손을 들고 발을 두드리며 춤을 춘다。

矯 바로잡을 교 / 들 교

手 손 수

頓 두드릴 돈

足 발 족

矯 手 頓 足

悅 豫 且 康

悅豫且康 이상과 같이 마음 편히 즐기고 살면 단란한 가정이다。

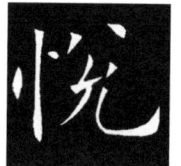

悅 기쁠 열

豫 미리 예 / 기쁠 예

且 또 차

康 편안 강

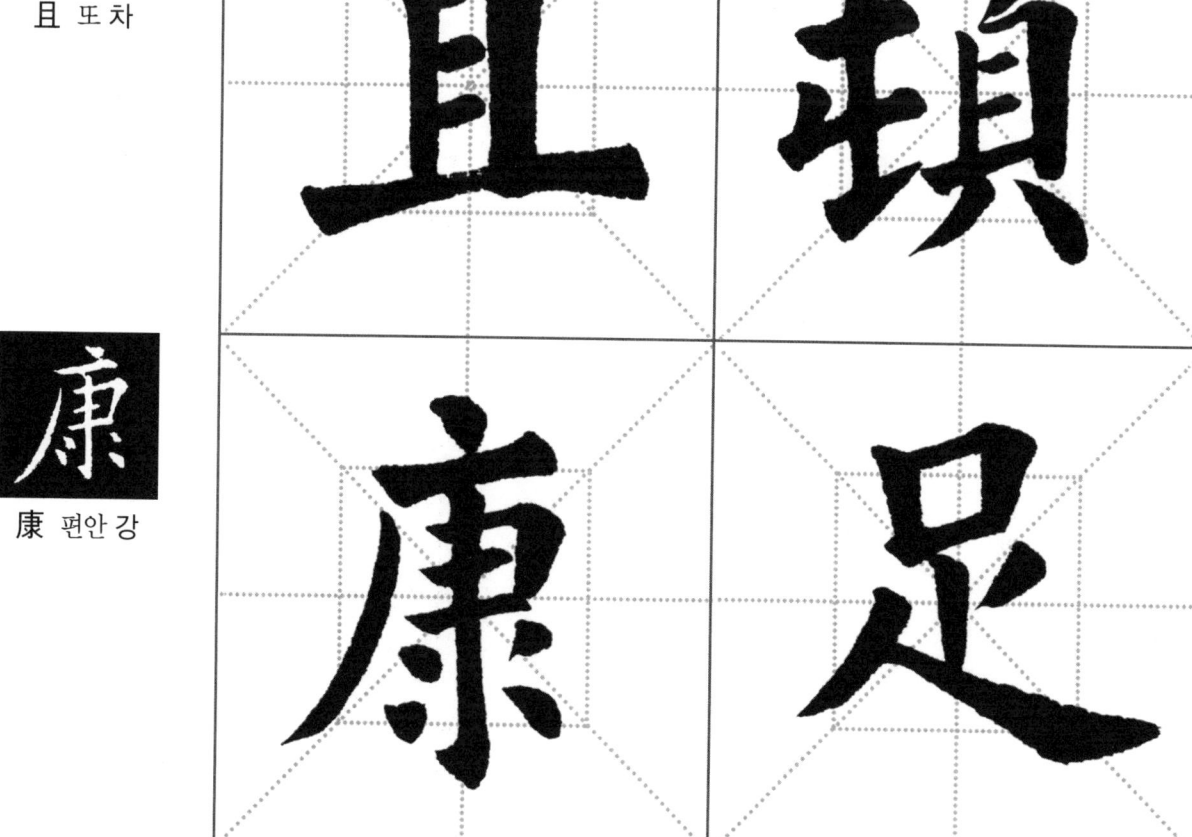

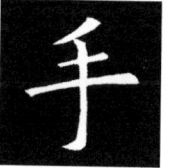

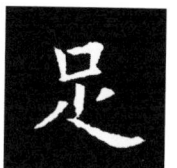

嫡 정실 적

後 뒤 후

嗣 이을 사

績 이을 속

嫡後嗣續 적자된 자, 즉 장남은 뒤를 계승하여 대를 이룬다.

祭 제사 제

祀 제사 사

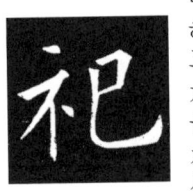
蒸 찔 증

嘗 맛볼 상

祭祀蒸嘗 제사하되 겨울 제사는 증이라 하고 가을 제사는 상이라 한다.

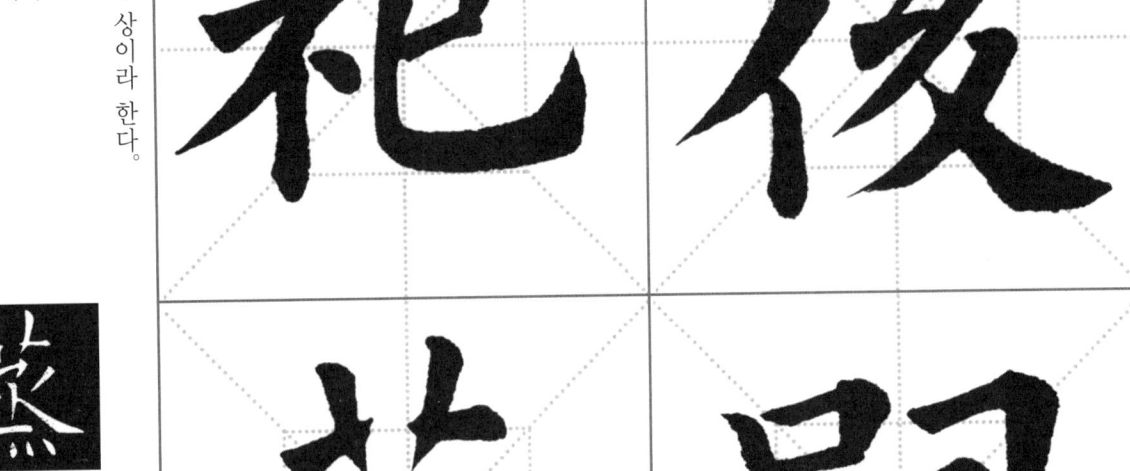

悚 두려워할 송

懼 두려워할 구

悚懼恐惶 송구하고 공황하니 엄중, 공경함이 지극함이라. 3년상 이후의 제사 시의 몸가짐이다.

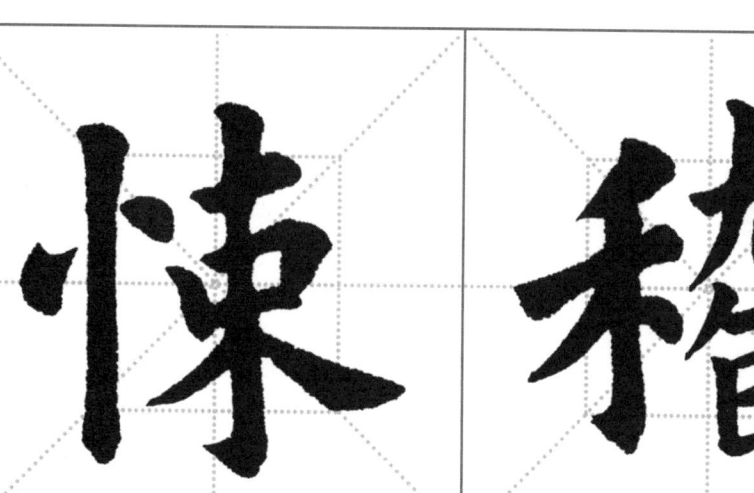

稽 조아릴 계

稽顙再拜 이마를 조아려 선조에게 두 번 절한다.

顙 이마 상

再 둘 재

恐 두려워할 공

惶 두려워할 황

拜 절 배

牋牒簡要 글과 편지는 간략함을 요한다.

牋 편지 전

牒 편지첩

簡 편지 간

顧答審詳 편지의 회답도 자세히 살펴 써야 한다.

顧 돌아볼 고

答 대답 답

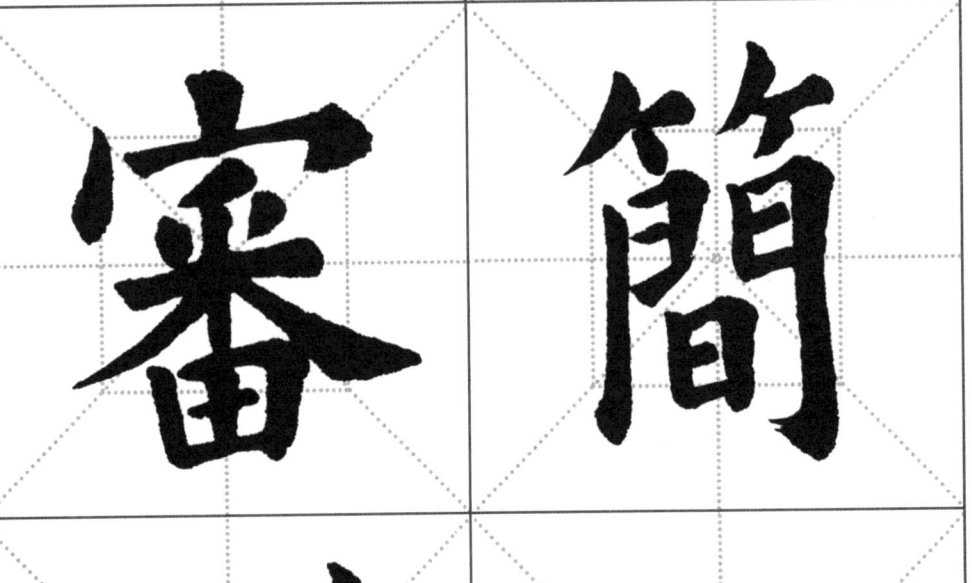

審 살필 심

詳 자세할 상

要 중요 요

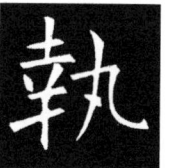

骸垢想浴 몸에 때가 끼면 목욕하기를 생각하고、

骸 뼈 해

垢 때 구

想 생각할 상

浴 목욕할 욕

骸垢想浴

執熱願凉 더우면 서늘하기를 원한다。

執 잡을 집

熱 더울 열

願 원할 원

凉 서늘할 량

執熱願凉

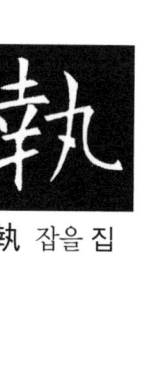

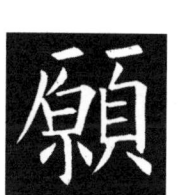

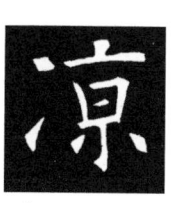

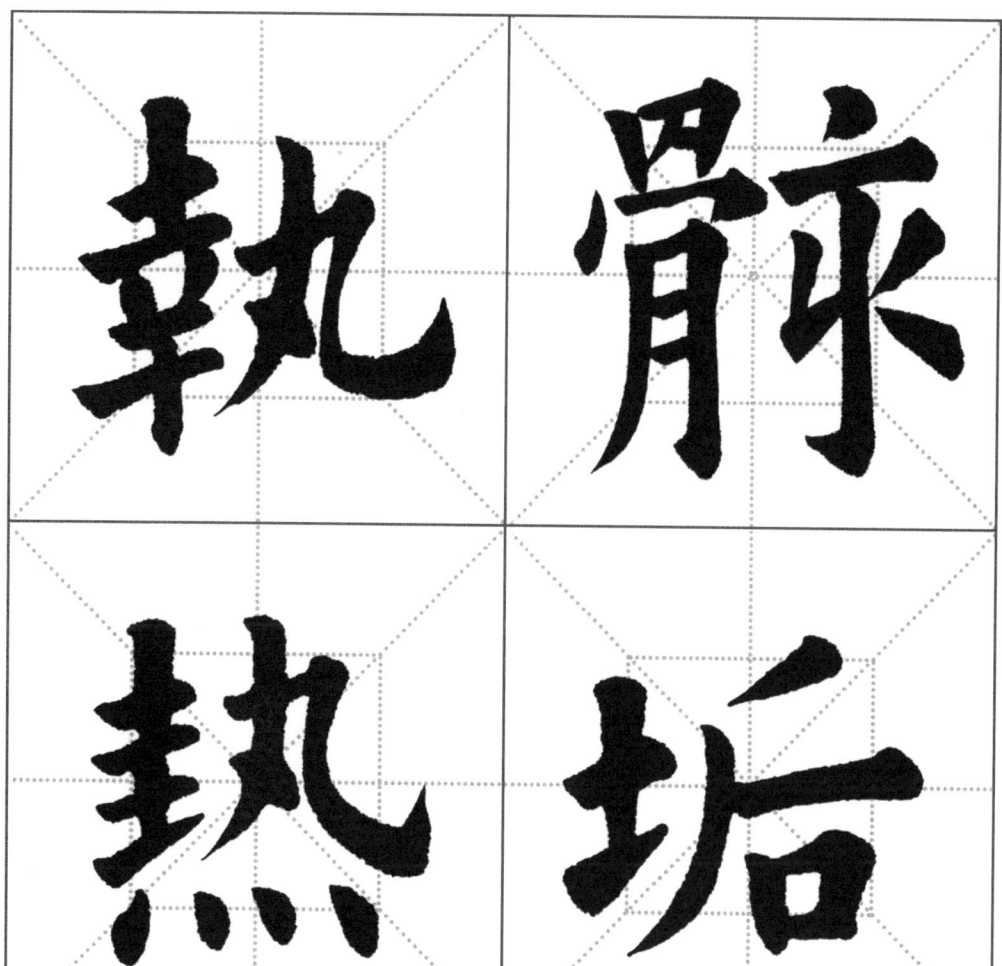

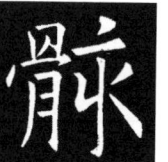

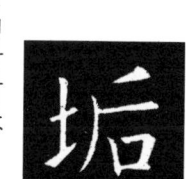

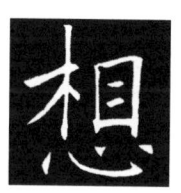

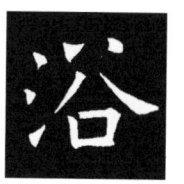

驢騾犢特 나귀와 노새와 송아지, 즉 가축을 말한다.

驢 나귀 려

騾 노새 라

犢 송아지 독

特 특별 특 / 소 특

駭躍超驤 뛰고 달리며 노는 가축의 모습을 말한다.

駭 놀랄 해

躍 뛸 약

超 넘을 초 / 뛸 초

驤 달릴 양

誅斬賊盜　역적과 도적을 베어 물리치고,
捕獲叛亡　배반하고 도망하는 자를 잡아 죄를 다스린다.

捕 잡을 포

誅 벨 주

斬 벨 참

獲 얻을 획

賊 도적 적

叛 배반할 반

盜 도적 도

亡 망할 망 / 없을 무

嵇 산이름 혜

琴 거문고 금

阮 악기 완

嘯 휘파람 소

嵇琴阮嘯 위국 혜강은 거문고를 잘 타고 완적은 휘파람을 잘 불었다.

布 베포

射 쏠사

遼 멀료

丸 알 환

布射遼丸 한나라 여포는 화살을 잘 쐈고 의료는 탄자를 잘 던졌다.

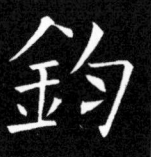

恬筆倫紙

진국 몽념은 토끼털로 처음 붓을 만들었고 후한 채윤은 처음 종이를 만들었다。

恬 편안 념

筆 붓 필

倫 인륜 륜

紙 종이 지

恬 筆 倫 紙

鈞巧任釣

위국 마균은 지남거를 만들고 전국시대 임공자는 낚시를 만들었다。

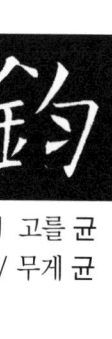

鈞 고를 균 / 무게 균

巧 공교할 교

任 맡길 임

釣 낚시 조

鈞 巧 任 釣

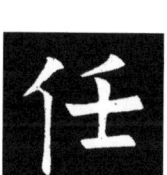

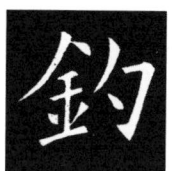

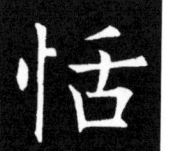

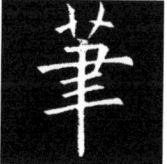

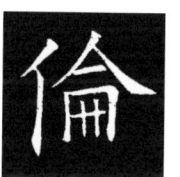

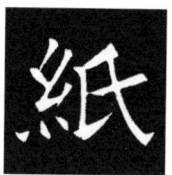

竝 아우를 병

竝皆佳妙 모두가 아름다우며 묘한 재주였다.

皆 다 개

佳 아름다울 가

妙 묘할 묘

釋紛利俗 이상 팔인의 재주를 다하여 어지러움을 풀어 풍속에 이롭게 하였다.

釋 놓을 석

紛 어지러울 분

利 이로울 리
/날카로울 리

俗 풍속 속

毛 털 모

施 베풀 시

淑 맑을 숙

姿 모양 자

毛施淑姿 모는 오의 모타라는 여자이고 시는 월의 시라는 여자인데 모두 절세 미인이었다.

工 장인 공

嚬 찡그릴 빈

妍 고울 연

笑 웃을 소

工嚬妍笑 이 두 미인의 웃는 모습이 매우 곱고 아름다웠다.

年 해 년

年矢每催 세월이 빠른 것을 말한다. 즉 살같이 매양 재촉하니

矢 화살 시

每 매양 매

催 재촉 최

羲 햇빛 희

羲暉朗曜 태양 빛과 달빛은 온 세상을 비추어 만물에 혜택을 주고 있다.

暉 빛날 휘

朗 밝을 랑

曜 빛날 요

晦 그믐 회

魄 넋 백

環 고리 환

照 비칠 조

晦魄環照 달이 고리와 같이 돌며 천지를 비치는 것을 말한다.

璇 구슬 선

璣 구슬 기

懸 달 현

斡 빙빙돌 알

璇璣懸斡 선기는 천기를 보는 기구이고 그 기구가 높이 걸려 도는 것을 말한다.

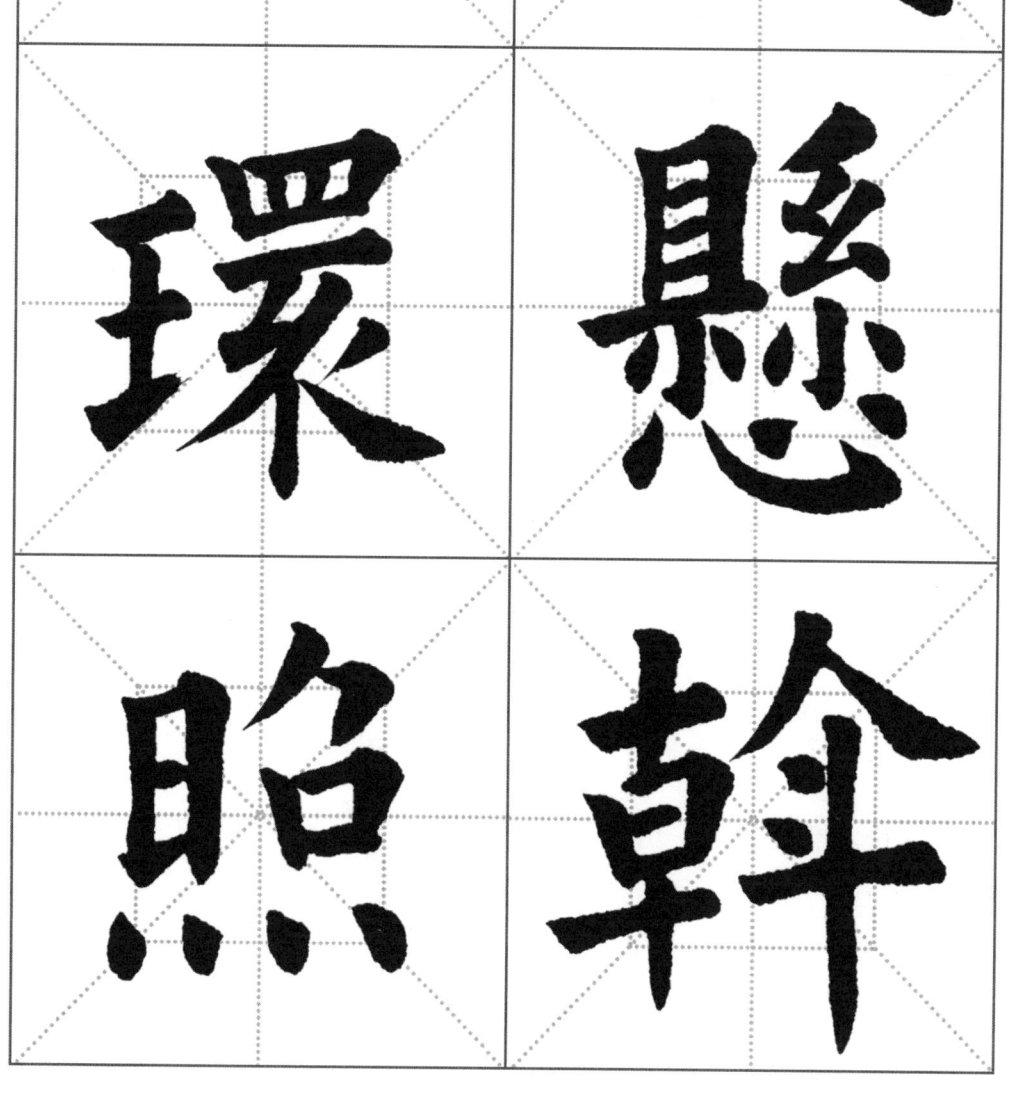

指薪修祐 불타는 나무와 같이 정열로 도리를 닦으면 복을 얻는다.

指 손가락 지

薪 섶나무 신

修 닦을 수

祐 복 우

永綏吉邵 그리고 영구히 편안하고 길함이 높으리라.

永 길 영

綏 편안 수

吉 길할 길

邵 아름다울 소

182

矩步引領 걸음을 바로 걷고 따라서 얼굴도 바르니 위의가 당당하다.

矩 법 구

步 걸음 보

引 끌 인

領 거느릴 령

俯仰廊廟 항상 남묘에 있는 것으로 생각하고 머리를 숙여 예의를 지키라.

俯 굽을 부

仰 우러를 앙

廊 행랑 랑

廟 사당 묘

束帶矜莊 의복에 주의하여 단정히 함으로써 긍지를 갖는다.

束 묶을 속

帶 띠 대

矜 자랑 긍

莊 씩씩할 장

徘徊瞻眺 같은 장소를 배회하며 선후를 보는 모양이다.

徘 배회 배

徊 배회 회

瞻 쳐다볼 첨

眺 바라볼 조

孤 외로울 고

陋 더러울 루

寡 적을 과

聞 들을 문

孤陋寡聞 하등의 식견도 재능도 없다. 천자문의 저자가 자기 자신을 검손해서 말한 것이다.

愚 어리석을 우

蒙 어릴 몽

等 등급 등

誚 꾸짖을 초

愚蒙等誚 적고 어리석어 몽매함을 면치 못한다는 것을 말한다.

謂 이를 위

語 말씀 어

助 도울 조

者 놈 자

謂語助者 어조라 함은 한문의 조사, 즉 다음 글자이다.

謂 語 助 者

焉 어찌 언

哉 어조사 재

乎 어조사 호

也 어조사 야

焉哉乎也 「언재호야」이 네 글자는 어조사이다.

焉 哉 乎 也

옥원듕회연

낙셩비룡

3) 궁체(宮體)정자

궁체는 대궐의 글씨라는 뜻이다. 궁체를 궁녀들이 쓴 글씨라고 이해하고 있는 것은 잘못이다. 궁녀들이 많이 썼기 때문에 잘못 알려진 것일 뿐 여러 왕과 대신들도 궁체를 썼다. 한글이 만들어진 뒤 왕실에서는 철저히 한글을 지켜왔다. 특히 왕후를 중심으로 이 전통을 지켜왔고, 따라서 한글은 내전을 중심으로 하나의 체계를 이루어 발전하였다. 궁체라고 불리는 한글서체는 선조 이후에 나타났으며, 크게 정자와 흘림으로 나뉜다.

정자는 한자의 당해와 흐름을 같이 한다. 이 글씨는 장중함을 바탕으로 하고 있어 절제의 상징이 되기도 한다. 창제 당시의 고체가 모든 글자의 길이를 같은 크기로 구속하였다면 궁체는 그 길이를 글자의 모양에 따라 자연스럽게 받아들여 조형적인 자유로움을 얻게 하였다. 이 점이 바로 궁체의 조형적 성격을 결정짓는 요인이라고 하겠다.

4) 궁체(宮體)흘림

궁체흘림은 한문의 행서에 비유된다. 선조 전후 한글이 널리 보급되면서 한글은 기호의 틀에서 벗어나 새로운 조형을 찾기 시작하였다. 글자 크기의 구속을 벗어나며 자유로움을 얻은 한글은 붓의 역동적인 흐름을 담을 수 있는 새로운 형태의 서체를 요구하였고, 이 요구가 바로 궁체 흘림의 출발이 된다. 흘림은 처음 비교적 자유로운 모양이었으나 점차 정제과정을 거치며 정형화의 길을 걷게 되었다. 한글은 부호가 단순하여 한자의 초서와 같이 생략하기 어려운 점이 있다. 따라서 생략의 길보다는 도리어 정형화의 길을 선택하여 지금 우리가 쓰는 흘림의 모양으로 정착되었다.

운 것과 같이 서로 다른 모양과, 번개가 치고 돌이 떨어지는 기이함과, 기러기가 날고 짐승이 놀라는 자태와, 난새가 춤추고 뱀이 놀라는 자태와 언덕이 끊어지고 산봉우리가 무너지는 형세와, 위험한 지형에 임하고 마른 고목에 의지하는 모양을 본다. 어떤 때는 무겁기가 산봉우리의 구름 같고, 가벼울 때는 가볍기가 마치 매미의 날개와 같다. 인도할 때는 샘물이 흘러내리는 것 같고, 머무를 때는 태산이 안정되어 있는 것 같다. 필획이 가늘고 부드러울 때는 마치 초승달이 하늘에서 나타나는 것 같으며, 필획이 많을 때는 뭇 별들이 은하수에 줄지어 있는 것 같다" 라고 하여 서법의 원류를 말한 다음 다시 서예의 특징에 대하여 말하고 있다.

또 다른 부분을 보면

"시대의 변천에 따라 적용되는 것으로는 행서가 가장 적합하다. 제액이나 방정한 글씨를 쓸 때에는 예서가 우선적이다. 초서를 배울 때 예서를 겸비하지 않으면 오로지 근엄한 데 빠지기 쉬우며, 예서를 익히는데 초서를 통하지 않으면 결국 필찰에는 적합하지 않게 된다. 예서는 점과 획으로 형태와 바탕을 이루고 필봉을 어떻게 전환시키느냐에 따라 성정(性情)이 표현된다. 이에 반하여 초서는 점과 획으로 성정을 이루고 있으며 필봉을 어떻게 전환시키느냐에 따라 그 자태가 나타난다. 초서에 있어서 필봉이 전환하는 법칙이 어긋나면 글자를 이루지 못하지만, 예서에 있어서는 점과 획이 법칙에 어긋나더라도 오히려 문체 있는 글을 기록할 수 있다" 라고 하여 먼저 서체의 용도가 다르다는 것을 밝히고 이어서 이에 대한 특징과 법칙 그리고 그것들의 상호관계를 상세하게 이야기하였다. 이른바 사전(使轉)과 점획에 대한 정론을 후세에 인정받게 되는 것이다.

6. 한글 서체

1) 고체(古體)

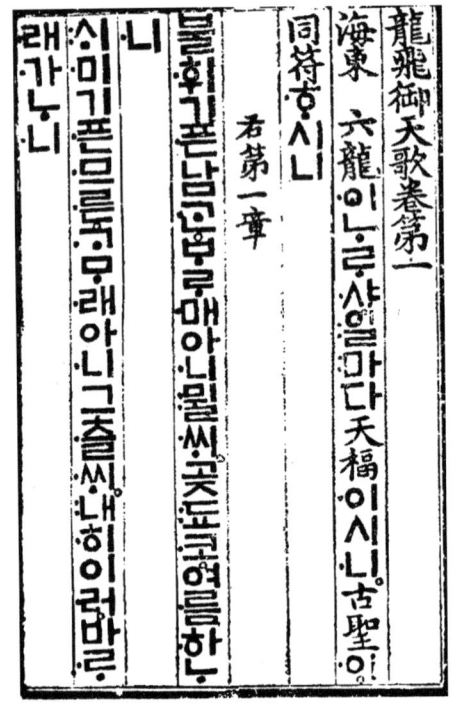

용비어천가

고체는 한글이 처음 반포되었을 때의 옛 서체를 말한다. 세종대왕이 한글을 처음 만들었을 때 ᆞ를 둥근 점모양 그대로 쓴「훈민정음해례본」과 ᆞ를 짧은 방형으로 바꾸어 쓴「용비어천가」,「월인천강지곡」등 두 가지 서체가 있었다. 고체는 방형의 모양으로 썼기 때문에 대칭의 조형성을 갖는 장엄한 성격을 가졌다.

고체는 선조 때까지 이어졌지만 새로운 서체를 예견하는 점진적인 변화도 갖게 되었다.

2) 한글의 판각화(板刻化)

세종대왕은 한글을 창제하였을 뿐만 아니라 한글을 보급시키기 위하여 한글로 된 책들을 많이 만들게 하였다. 한글이 널리 보급되면서 더욱 많은 책들이 필요해졌고, 이를 충족시키기 위하여 목판본이 만들어지기 시작하였다. 여러 곳에서 만들어진 목판본의 서체는 단아한 맛을 지니거나 조형적 완성에는 미치지는 못하였으나 지방마다 또는 판각자 개인의 성향도 나타나게 되었다.

한글의 판각화는 고체가 이미 퇴화한 뒤 나왔으므로 한글의 변화된 여러 서체를 목판의 제작에 잘 어울릴 수 있는 형태로 제작되었다. 따라서 필사형태와 그 성격을 달리하고 있다. 재료의 변화에 따른 글씨체의 발굴에 더욱 관심을 보여주는 좋은 예라 할 수 있다.

5. 초서(草書)

한나라 때 예서가 주로 쓰였지만 초서의 기원이라 볼 수 있는 특유한 서체가 대나무나 나무조각에 쓴 편지글 등에서 나타났는데 그것이 곧 장초(章草)이다. 장초는 획이 예서와 비슷하나 글씨의 짜임은 초서에 가깝다. 장초의 장(章)은 사유(史游)가 지은 급취장(急就章)의 서체에서 이름 붙여졌다. 장초는 그 뒤에도 계속 발달하여 왕희지에 이르러 초서의 완전한 체계를 굳히게 되었다.

※행초서(行草書)

행서는 문자의 부호를 있는 그대로 갖추고 있으면서 동적인 형태로 만든 서체이다. 초서는 부호를 생략하여 동적인 형태로 만든 것이다. 이 둘은 동적인 흐름을 같이 보여주기 때문에 서로 어울려 많이 쓰이고 있다.

획들이 서로 이어지면서 형태를 만들어내는 행초서는 쓰는 이의 감정을 있는 그대로 드러내어 사랑을 받았을 뿐만 아니라, 또한 수많은 자연스런 형상은 서예를 문자의 기록보다는 회화로 까지 인식시키기에 충분하였다. 이런 이유로 행초서는 서예가뿐만 아니라 화가들도 반드시 익혀야되는 필수과목으로 자리잡게 되었다.

※서보(書譜)

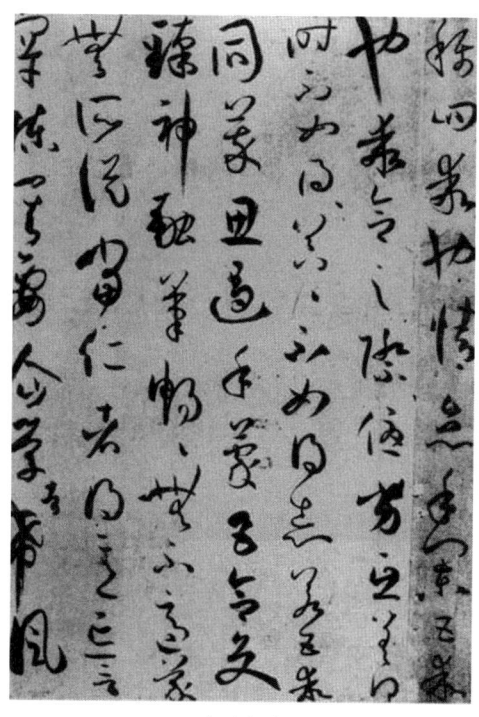

서보(書譜)

손과정[5]의 작품중 가장 으뜸으로 손꼽히며, 역사적으로 가치를 얻는 것이 바로 「서보(書譜)」이다. 현재 전해지고 있는 손과정의 「서보(書譜)」는 사실상 서문에 해당하는 것으로 손과정 본인이 직접 빼어나게 아름다운 초서체로 썼는데, 역대로 이것을 능품(能品)이라 하여 서예의 보배로 전해진다. 이것은 문장의 내용도 우아할 뿐만 아니라 서예이론의 중지를 모았기 때문에 더욱 이를 중요시하고 있으니 「서보(書譜)」야 말로 〈글씨와 문장이 함께 훌륭한 작품〉이라고 하겠다. 손과정은 여기에서 육편(六篇)을 써서 서보의 문장을 구성하겠다고 하였으나, 이것이 미완성이었는지 아니면 완성되었는데 분실한 것인지는 확실치 않고, 현재는 이 「서보」만이 남아 서예이론을 대강 개괄하고 있다. 「서보」는 대체적으로 서법(書法)의 원류, 서체(書體)의 특징, 성품(性品)의 표준, 학서(學書)의 경험 및 유파의 장단점 등에 대하여 설명하였으며, 이는 후대의 서법예술과 서예이론에 많은 영향을 주었다. 「서보」의 내용을 살펴보면 "대저 바늘을 매달고 이슬을 드리

---

[5] 손과정(孫過庭, 648~703)은 중국 당(唐)나라 초기의 서예가이며, 출생지는 중국 진류(陳留 : 河南省)이다. 자 건례(虔禮), 벼슬은 솔부록사참군(率府錄事參軍)에 이르렀다. 그는 호고박아(好古博雅)하고, 문장을 능하게 한 능서가(能書家) 라 하며 또 논서가(論書家)로도 유명하다. 특히 왕희지(王羲之)의 서법을 배워 초서를 잘 썼으며, '王羲之', '王獻之'에 가까웠다고 한다. 그의 대표작으로는 「서보(書譜)」, 「초서천자문(草書千字文)」, 「경복전부(景福殿賦)」가 전해지고 있다. 또 임모(臨摹)에 묘를 얻어 진위(眞僞)를 판별할 수 있다고 한다고 한다. 태종(太宗)또한 그 임서(臨書)를 보고 "과정소자(過政小子), 이왕(二王)을 어지럽게 한다" 라고 탄상(歎賞) 하였다고 전해지고 있다.

손과정은 무엇보다도 초서가 뛰어났으며, 그의 글씨는 후세에 많은 이들에게 좋은 호평을 받아 왔다. 그리고 서법론(書法論)의 기본이 된 「서보」의 경우 초서를 배우는 데 교본용으로 가장 적당하며 이론도 명쾌하게 밝혀져 있고, 글씨는 더욱 명쾌하게 쓰여진 것이 자랑할 만하다. 이후 강유위의 서예이론도 손과정의 영향을 받았으며, 그 이후 서예이론을 발표하는 이들과 비교가 되어가면서 서예이론이 비판되며 한편으로는 창조발전이 되어가고 있다.

동진의 목제(穆帝) 영화(永和)9년 3월에 명승지 난정에서 우군장군(右軍將軍) 왕희지의 주재하에 성대하고 풍아(風雅)로운 모임을 가졌다. 거기서 각지의 명사들이 모여 시를 지었는데 이것으로 난정집을 엮었다. 여기에 왕희지가 전서(前序)를 보탰는데 이것이 유명한 난정서가 된 것이다.

즉석에서 시편의 서(序)를 짓고 쓴 것이지만 서(書)뿐만 아니라 문장이나 사상도 지극히 높은 수준의 작품이라 한다. 이 진적은 줄곧 왕가(王家)에 진장되어 7대째인 지영(智永)에게까지 전해졌다가, 당태종이 왕희지의 글씨를 몹시 사랑하여 이 난정서를 입수했다. 후에 당태종은 이를 존중히 여겨 "천하제일의 행서"라 명하고 죽을 때 관속에 같이 넣게 함으로써 아쉽게도 진적은 이 세상에서 사라지게 되었다.

※집자성교서(集字聖敎序)

홍복사(弘福寺)의 승려 회인(懷仁)이 칙령에 의해 궁중에 비장(秘藏)된 왕희지의 법첩중에서 집자한 서이다. 몇몇 조수와 함께 무려 25년간에 걸친 비상한 각고끝에 집대성한 것이다.(감형 3년(672) 12월 8일 경성법려건립(京城法侶建立))

집자성교서는 변이나 방을 취합하거나 점획을 해체, 합병시키거나 했는데, 사진술(寫眞術)도 없던 당시에 그 노고가 어떠했는가는 짐작하고도 남음이 있다. 내용은 당태종이 명승 현장삼장(玄奘三藏)의 신역불전(新譯佛典)이 완성된 것을 기념하여 지은 성교서(聖敎序)와 당시 황태자였던 고종이 그 경전 번역까지의 경과를 적은 술성기(述聖記)와 그리고 현장삼장이 번역한 반야심경(般若心經)이 함께 비문을 이루고 있다.

30행에 각 행마다 80 여자씩 1904자로 되어 있다. 이 성교서는 당대(塘代)의 모본이기는 하나 왕희지 행서의 진수를 파악하는데 불가결의 것으로 여겨지고 있다. 이 서(書)는 왕희지의 진적으로부터 집자하여 새긴 천하의 명비로 품격이 높고 형이 정제되어 습벽이 없다. 게다가 용필이 유려하고 다채로와 한없는 정기를 깊이 간직하고 있어 예로부터 행서 입문에 필수적 교본으로 사용되고 있다.

한편, 왕희지의 조형원리는 엄격히 정돈된 구조가 아니고, 부조화(不調和)라고 생각될 정도로 비뚤어진 형태의 것들이 많다. 그러나, 그 비뚤림은 각도나 용필에 일정한 벽이 없이 종횡 무진으로 변화하고 있다. 부조화속의 조화와 변화의 원칙을 이 집자성교서에서도 잘 볼 수 있다.

집자성교서는 이때 만들어진 원비(源碑)와 송대의 탁본을 가장 귀하게 치는데, 명의 시대에 이르러 원비가 절단되었기 때문에 그 이전 것을 미단본(未斷本), 그 이후 것을 이단본(已斷本)이라 구분해 부른다.

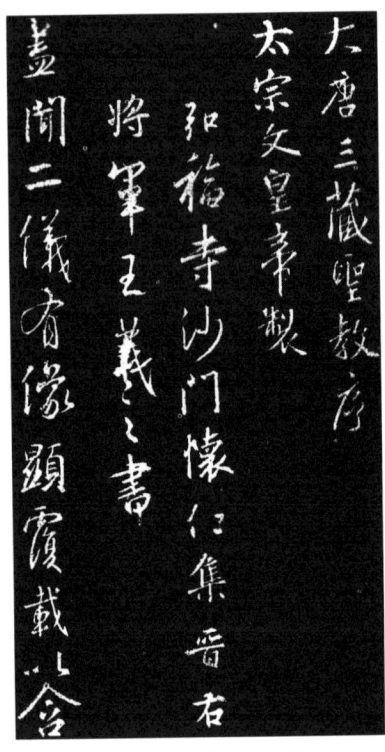

난정서(蘭亭敍)

집자성교서(集字聖敎序)

장맹룡비(張猛龍碑)

비면은 해서로 26행, 한 행에 24자씩 새겨져 있고, 비음은 이 비를 세움에 있어서 관계가 있었던 사람들의 관위 성명을 연서한 것이 10여단 있다. 이 비의 비액에서 '청송(淸頌:덕을 칭송한다)'으로 표현 되는 바와 같이 송덕비이다.

장맹룡은 당시 불교가 성행하고 있었지만, 공자와 맹자의 학문을 깊이 믿는 유교를 선양하였다. 그 공적이 컸기 때문에 향당(鄕黨)들이 이에 감탄하여서 장맹룡의 덕을 기리고자 비를 세웠고, 그의 일대기에 관한 것과 칭송이 그 내용이다.

4. 행서(行書)

행서는 초서와 해서의 중간 형태로 아마 해서와 거의 동시에 생겨나서 발전했으리라고 짐작된다. 왕희지[4]의 난정서(蘭亭書)는 고금에 빛나며 그 후 당의 저수량과 안진경을 거쳐 청에 이르기까지 끊임없이 발달하였다. 여기에서 한가지 짚고 넘어갈 것은 해서, 행서, 초서가 널리 쓰이면서 당 이후에는 전서와 예서가 거의 사용되지 않다가 청나라 초기와 중기에 비학의 풍토가 일어나면서 다시 문인 묵객의 작품에 전서와 예서가 등장하여 지금까지도 작품에 널리 쓰이고 있는 것이다.

※난정서(蘭亭敍)

행서의 용(龍)이라 불리는 난정시서(蘭亭詩敍)는 왕희지가 51세 때에 '흥에 겨워서 쓴' 작품으로, 고금의 서적중에서 영원히 빛나는 밝은 별이라 하겠다.

---

4) 왕희지(王羲之, 307~365) : 서법 예술의 창시자 중국 동진(東晉)의 서예가. 자 일소(逸少). 우군장군(右軍將軍)의 벼슬을 하였으므로 세상 사람들이 왕우군이라고도 불렀다. 오늘날의 산동성「山東省」 린이현「臨沂縣」인 낭야(琅) 출신이며, 동진 왕조 건설에 공적이 컸던 왕도(王導)의 조카이고, 왕광(王曠)의 아들이다. 중국 고금(古今)의 첫째가는 서성(書聖)으로 존경받고 있으며, 그에 못지않은 서예가로 알려진 일곱번째 아들 왕헌지(王獻之)와 함께 '이왕(二王)' 또는 '희헌(羲獻)'이라 불린다. 16세 때 치감의 요청으로 그의 딸과 결혼하였다. 처음에 서진(西晉)의 여류 서예가인 위부인(衛夫人)의 서풍(書風)을 배웠고, 뒤에 한(漢)나라·위(魏)나라의 비문을 연구하여 해서·행서·초서의 각 서체를 완성함으로써 예술로서의 서예의 지위를 확립하였다. 벼슬길에 나아가 비서랑(秘書郞)으로부터 출발하여 유량(庾亮)의 장사(長史)가 되고, 351년에는 우군장군 및 회계(會稽:浙江省 紹興)의 내사(內史)에 이르렀다. 그는 명문 출신이며, 경세(經世)의 재략이 있어 은호(殷浩)의 북벌을 간(諫)하는 글과 사안(謝安)에게 민정(民政)을 논한 글을 쓰기도 하였다. 그러나 일찍이 속세를 피하려는 뜻을 품고 있었는데, 왕술(王述)이 중앙에서 순찰을 오자 그 밑에 있는 것을 부끄럽게 여겨 355년(永和 11) 벼슬을 그만두었다. 그리고 경치가 아름다운 회계의 산수간에서 사안·손작(孫綽)·이충(李充)·허순(許詢)·지둔(支遁) 등과 청담(淸談)을 나누고, 또 도사(道士) 허매(許邁)를 따라 채약에 몰두하는 등 유유자적한 생활을 즐기다가 한평생을 마쳤다. 그는 내사 재직 중이던 353년(영화 9) 늦봄에, 회계의 난정(蘭亭)에서 있었던 유상곡수(流觴曲水)의 연회에 참석하였다. 그 때 모인 41인 명사들의 시를 모아 만든 책머리에 그는 스스로 붓을 들어 서문을 썼다. 이것이 《난정서(蘭亭序)》라는 그의 일대의 걸작이며, 산수문학의 남상(濫觴)이 되었다. 그는 예서(隸書)를 잘 썼고, 당시 아직 성숙하지 못하였던 해·행·초의 3체를 예술적인 서체로 완성한 데 그의 가장 큰 공적이 있으며, 현재 그의 필적이라 전해지는 것도 모두 해·행·초의 3체에 한정되어 있다. 해서의 대표작으로는 《악의론(樂毅論)》《황정경(黃庭經)》이, 행서로는 《난정서》, 초서로는 그가 쓴 많은 편지를 모은 《십칠첩(十七帖)》이 옛날부터 유명하다. 또 송(宋)의 태종(太宗)이 992년에 조각한 《순화각첩(淳化閣帖)》이라는 법첩에는 그의 편지가 많이 수록되었고, 당(唐)나라의 회인(懷仁)이라는 중이 고종(高宗)의 명을 받아 672년에 왕희지의 필적 중에서 집자(集字)하여 세운 '대당삼장성교서비(大唐三藏聖敎序碑)' 등도 그의 서풍을 엿볼 수 있는 귀중한 자료이다. 그 밖에 《상란첩(喪亂帖)》《공시중첩(孔侍中帖)》《유목첩(遊目帖)》《이모첩(姨母帖)》《쾌설시청첩(快雪時晴帖)》 등의 필적이 전하여온다. 그러나 이것들은 왕희지의 육필(肉筆) 그대로는 아니고 진적(眞跡)과는 많이 다를 것으로 짐작된다.
당나라 태종(太宗)이 왕희지의 글씨를 사랑한 나머지 온 천하에 있는 그의 붓글씨를 모아, 한 조각의 글씨까지도 애석히 여겨 죽을 때 자기의 관에 넣어 묻게 하였기 때문이다. 그러나 오늘날 전하여 오는 필적만 보아도 그의 서풍(書風)은 전아(典雅)하고 힘차며, 귀족적인 기품이 높다.

※ 구성궁예천명(九成宮醴泉銘)

구성궁예천명(九成宮醴泉銘)

이 비는 당태종 6년(632)에 당태종이 수나라의 인수궁을 수리하면서 만든 구성궁에 샘물이 뿜어 나오게 된 것을 기념하여 만든 비이다. 문장은 위징이 쓰고 글씨는 황제의 명에 따라 구양순[3]이 특별히 정성들여 썼다. 구양순의 나이 75세때의 서(書)로 구양순이 왕희지의 필법을 배웠으나, 이미 글씨는 구양순 자신의 자체였다. 그리고 해서의 필법이 극에 달했다고 평가된다.

전각은 양문으로 되어 있고 구성궁예천명의 여섯 글자가 2행에 있고, 본문은 24행으로 되어 있다.

남북 서풍을 융합한 수대의 서풍을 전, 예서에 바탕을 둔 구성법으로 방향을 바꾸어 장방형의 형태로 씌어져있다. 내핍법(內逼法) 혹은 배세(背勢)에 따르고 있으므로 점, 획이 중심에 모여 있으나, 비의 결체는 여유가 있고 전절(轉折)과 구부러진 곳의 용필은 아주 훌륭하다.

구성궁예천명비는 새 시대 감각을 불어 넣은 것으로 화도사비(化度寺碑)와 더불어 구양순의 대표작이다. 해서를 쓰는데 있어서 정통이라 할 수 있으나, 너무도 정제된 필획의 구성을 하고 있어서 자칫하면 형태만을 모방하는 것에 그치기 쉽다.

※ 장맹룡비(張孟龍碑)

육조 시대의 대표적인 해서이다. 서도에서의 힘은 적절한 조화가 따라야 한다. 결구법이 바로 그것인데, 장비액(張碑額)은 그런 것의 본보기라 하겠다.

본문도 점획의 배치에 따라 소박하다기 보다는 오히려 이지적으로 당대(唐代)의 서와 같은 정제미를 나타내고 있다. 경중의 배합, 각도의 변화, 그리고 글자의 흐름에 따라 그것들을 조절하는 의욕적인 필력, 이러한 모든 요소가 큰 비석에는 필요한 것이다. 그러면서도 이 흔적들을 표면에 나타나지 않게 할 것, 여기에 서도의 비결이 있다.

장맹룡비는 북위서가 유행하던 때의 이상형이라고 할 수 있다. 용문(龍門)의 강함과 예리함, 정도소(鄭道昭)의 온화함, 고정비의 완성된 계획성 등이 함축되어 있는 훌륭한 유산으로 여겨진다.

---

3) 구양순(歐陽詢, 557~641)

중국 당(唐)나라 초의 서예가. 자 신본(信本). 담주임상(潭州臨湘:후난성) 출생. 진(陳)나라의 광주자사(廣州刺史)였던 아버지 흘(紇)이 반역자로 처형된데다 키가 작고 얼굴이 못생겨서 남의 업신여김을 받는 등 어릴 적부터 불행한 환경을 참고 견디며 자랐다. 그러나 머리는 유난히 총명하여 널리 경사(經史)를 익혔으며, 수양제(隋煬帝)를 섬겨 태상박사(太常博士)가 되었다. 그 후 당나라의 고종(高宗)이 즉위한 후에는 급사중(給事中)으로 발탁되고, 태자솔경령(太子率更令)·홍문관학사(弘文館學士)를 거쳐 발해남(渤海男)에 봉해졌다.

그의 서명(書名)은 멀리 고려에까지 알려졌는데 이왕(二王), 즉 왕희지(王羲之)·왕헌지(王獻之) 부자의 글씨를 배웠다고 한다. 그러나 현존하는 그의 서명(書名)은 멀리 고려에까지 알려졌으며, 이왕(二王), 즉 왕희지 왕헌지 부자의 글씨를 배웠다고 하는데, 현존하는 〈황보탄비〉〈구성궁예천명〉〈화도사비〉 등의 비와 〈사사 첩〉〈초서천자문〉을 보면, 오히려 북위파의 골격을 지니고 있어, 가지런한 형태 속에 정신내용을 포화상태 에까지 담고 있다는 느낌이 강하다. 그의 글씨는 예로부터 많은 사람들이 〈해법(楷法)의 극직(極則)〉이라 하며 칭송하고 있다. 그의 아들 통(通)도 아버지 못지 않은 서예가로서 유명하다.

구양순체는 구양순의 서체로서, 자획과 결구가 함께 방정(方正)하고 근엄하여 한 자 한 자를 쓰는 데에 순간이라도 정신적 이완을 불허하는 율법적인 특색을 가진다. 구양순은 왕희지체를 배웠지만 험경(險勁)한 필력이 왕희지보다 나아서 자신의 독창적인 서체를 창안했다. 구양순의 서적은 비서(碑書)와 서첩으로 전해지는데, 그 중 가장 유명한 것은 《〈구성궁예천명(九成宮醴泉銘)〉》이다. 우리나라에서는 신라 말부터 고려 초까지 왕희지체가 무색할 정도로 구양순체가 유명하였다.

3. 해서(楷書)

해서는 문자의 부호를 있는 그대로 바르게 쓴 형태를 말하며, 이런 까닭에 정서(正書)라고도 불린다. 예서가 더 실용적으로 변모하면서 위진 남북조 시대에 와서 해서의 특유한 풍격을 이루었다. 역사적으로 볼 때 동한 말에 이르러 해서보다는 행초서가 널리 유행하였다. 그러나 행초서가 다시 해서화를 추구하게 되는데, 위진남북조(魏晉南北朝) 시기에 만들어진 이른바 북위(北魏)의 해서와 이를 더욱 단아하게 만든 수당(隋唐)시기의 해서가 그것이다. 북위의 해서는 예각을 많이 사용하였기 때문에 날카로운 획과 비대칭의 조형성을 특징으로 하고 있으며, 수당의 해서는 직각을 사용하여 대칭의 안정된 조형을 추구한다. 수당 초기의 구양순 등이 북위에서 수당으로 옮겨오는 역할을 하였다면, 뒤에 오는 안진경은 대칭의 미학을 완성하였다고 할 수 있다.

종요와 왕희지를 거쳐 초당의 구양순, 우세남, 저수량이 북위서를 계승하고 왕희지법을 더하여 방필에 원필을 가미한 완미(完美)에 가까운 체계를 이루었고 그 후 안진경이 출현하여 거의 원필을 이용하여 웅장한 남성적인 해서를 완성하였다. 해서의 자형은 정방형에 가깝다.

※안근례비(顔勤禮碑)

안씨가묘비와 더불어 안진경[2] 해서의 2대 역작 중의 하나이다.

비가 세워진 연도는 정확히 알 길이 없으나, 비문 중에 기재된 사실을 감안해 입비(立碑)는 안진경의 말기의 글씨로 추정된다. 비는 사면각이나 셋째 면은 갈아 없어졌고, 약 1천 6백 여자의 글씨가 새겨져 있다. 안근례비는 비의 자획이 온전하며 특히 삼면의 글씨는 원필이며 강,유가 잘 조화되어 있다. 또한, 장봉의 표현이 세련되어 있으며 그의 해서 중에서 가장 우수한 기교 표현 작품이라 한다.

안진경의 필법은 구양순의 경우와 다른 바 없으나 구법(歐法)보다도 약간 붓을 세우며, 안서(顔書)의 가로획은 우상향세(右上向勢:손에 쥔 붓을 그대로 댄 후 일단 조금 띄웠다 오른 쪽으로 그음)의 수법을 사용한다. 구(歐)의 배세(背勢), 안(顔)의 향세(向勢)라고 부르는 이 상대적인 조형수법은 해서 기법의 양극을 보여 준다고 할 수 있다. 이 비의 내용은 안진경이 그의 증조부인 안근례의 일대기를 써 놓은 것이다

안근례비(顔勤禮碑)

---

[2] 안진경(顔眞卿, 709~785)
중국 당나라 서예의 대가. 자는 청신이고, 노군개국공에 봉해졌기 때문에 안노공(顔魯公)이라고도 불렀다. 산동성 낭야 임기 출신이고, 북제의 학자 안지추의 5대손이다. 진사에 급제하고 여러 관직을 거쳐 평원태수가 되었을 때 안녹산의 반란을 맞았으며, 그는 의병을 거느리고 조정을 위하여 싸웠다. 후에 중앙에 들어가 형부상서에 임명되었으나, 당시의 권신(權臣)에게 잘못 보여 번번이 지방으로 좌천되었다. 784년 덕종의 명으로 회서의 반장인 이희열을 설득하러 갔다가 연금 당하였고, 이어서 곧 살해되었다. 글씨는 처음에 저수량을 배우고 후에 장욱을 배우고 중장(衆長)을 합도(合度)하여 해서와 행서에서 고법(古法)을 크게 변화시키는 등 새 풍격을 이루었는데, 남조이래 유행해 내려온 왕희지의 전아한 서체에 대한 반동이라고도 할 수 있을 만큼 남성적인 박력 속에, 당대 이후의 서도를 지배하였다. 인품과 충절에서도 추앙 받는 까닭에 더욱 글씨가 천고에 빛남을 후세에 보여준 사람이다.
안진경이 남긴 행초서의 대표적 필적 세 가지, 즉〈제질문고〉〈고백부문고〉〈쟁좌위고〉를 가리켜 안진경삼고(顔眞卿三稿)라고 하는데, 이들 글씨는 모두 글씨를 쓴다는 의식이 없이 졸연간에 휘갈겨 쓴 초고 그대로의 필적이어서 더욱 자연의 묘미가 있고, 가장 진귀하게 여겨지는 글씨이다.
대표작은 해서의〈안씨가묘비〉와 행서의〈쟁좌위〉가 있고, 이 밖에도 많은 금석문과 뛰어난 수적 (手迹)을 남겼다.

필획 사이의 공간거리는 매우 고르고 자형이 좁고 길다. 글자의 상반부는 비교적 빽빽하고, 하반부는 쭉 펴서 사람들에게 부드러운 가운데 강함이 깃든 인상과 시원하고 밝으며 굳건한 미감(美感)을 불러일으킨다.

2. 예서(隸書)

진시황은 중원을 통일한 뒤 군현제를 실시하여 중앙집권 체제를 갖추었다. 이에 따라 공문서 등이 증가하면서 전서를 간략하게 만든 새로운 서체가 필요하게 되었다. 이 때 만들어진 것이 예서이다. 예서는 한나라로 그대로 이어지면서, 해서, 행서, 초서 등 여러 서체로 다시 분화 발전하였다.

예서는 1cm정도의 폭을 갖는 죽간(竹簡)에 쓰였던 초기에는 세로로 긴 형태였으나 목판과 비석으로 옮겨가면서 점차 가로로 충분한 길이를 갖게 되었고, 이때 파책의 형태가 나타나게 되었다. 여기서 파책은 빈 공간을 조형공간으로 만들어 가는 역할을 맡게 되었다. 이로써 예서는 나름대로 조형성을 갖게 되었고, 후대의 사랑을 받게 되었다.

전서는 대칭을 맞추어야 하고 곡선이기 때문에 쓰기에 불편하다. 그리하여 곡선을 직선으로 바꾸고 원필도 방필로 많이 바꾸고, 필획도 줄여서 쉽게 쓰게 한 것이 예서(隸書)이다. 기록에 보면 예서는 장막(程邈)이 만들었다. 그가 죄를 지어 감옥에 있을 때 십 년을 연구하여 예서 삼천자를 지어 진상하였는데 진시황이 좋게 여겨 어사를 시켰다. 예서란 말은 진대의 복역수를 도예(徒隸)라 하였는데 정막이 그러했으므로 예(隸)자를 따서 지었다. 예서에서 파책(波磔)이 없는, 곧 전서와 근접한 것을 고예(古隸)라 하고 파책이 있는 것을 팔분(八分)이라 한다. 예서는 전한과 후한에 걸쳐 끊임없이 발달하였다. 조전비와 예기비 같은 유려형(流麗型), 장천비 같은 방정형(方整型), 하승비(夏承碑)같은 기고형(奇古型)들로 분리되며, 그 수많은 서적(書蹟)은 이루 나열할 수 없을 정도이다. 예서의 자형은 납작한 것이 보통이다.

※예기비(禮器碑)

예기비(禮器碑)

예기비가 새겨진 것은 약 1800여 년전 후한의 환제 영수(永壽) 2년의 일이며, 한례비라고도 부른다. 이 비문의 내용은 노나라의 재상이던 한래의 공적을 칭송한 글인데, 그는 공자를 존중해 그 자손 일족에게는 일반인과 다른 특별한 대우를 해야 한다고 주장, 징병이나 노역을 면해 주는 등 진심어린 예우를 다했다. 또 그는 진시황제의 폭거 이후 산동성 취무에 있던 허물어진 공자묘(이곳은 한이후 역대의 비가 많아 곡장비림(曲章碑林)이라 불린다)를 수리하고 제사에 쓰이는 가장 중요한 기구류, 즉 예기를 정비하고 또 공자의 생가를 수복하고, 묘 주변의 배수 사업 등도 했다. 이와 같은 한래의 작업에 감동한 사람들이 그의 높은 덕을 기리고자 돌에 새긴 것이 바로 이 예기비이다.

한비는 중후한 것과 연미(研美)한 것이 있는데 이 비는 어느 쪽에도 기울지 않는 중용을 지키고 있다. 문자의 구성이 알맞고 운필이 정교하여 높은 품격을 지니고 있는 비로서 새김도 훌륭하고 글자 수도 많아 예서를 익히는데 적당하다. 그리고 예기비의 선조(線條)에 관하여서는 유(여윔), 경(단단함), 청(맑음), 정(곧음)이 언급되어진다.

석고문(石鼓門)

대부분 전국시대 진(秦)나라의 임금이 사냥하는 일이었으므로 엽갈(獵碣)이라고도 한다. 석고문은 10개의 북(鼓)모양의 돌에다 주문을 새겼다. 석고의 높이가 90cm, 직경이 60cm정도이며, 머리 부분이 밑부분보다 가늘고, 원문이 약 700자 정도 실려 있다. 그러나 현재 남아있는 글자는 겨우 300여자이며, 그나마도 적지 않은 글자들이 깨지고 훼손되어 판독하는 자는 270자 내외에 지나지 않는다. 현존하는 송탁본(宋拓本)에는 465자가 실려있다. 석고문의 연대에 관해서는 주선왕(周宣王)때의 것이라는 설(說)이 많았으나, 사실 진양공(秦襄公) 8년 때의 것이라는 설이 이미 정론으로 되어 있다.(곽말약의 「석고문연구」) 서체는 소전(小篆)으로 변하기 이전의 문자로 대전의 체계에 속하며 대전의 유일한 법칙이기도하다. 그 결체(結體)는 서로 대립되는 법칙이 있고 필획은 굳세고 엄정하며 결구는 빽빽하고 기이하며 웅장하다. 당(唐)의 장회관(張懷瓘)은 서단(書斷)에서 "體象卓然 殊今異古 落落珠玉 飄飄纓珞 倉頡之嗣 小篆之祖 以名稱書 遺迹石鼓"(글자의 형상이 고금과 달리 매우 뛰어나니 옥구슬이 주렁주렁 달린 듯, 영락이 하늘하늘 날리는 듯하다. 창힐의 뒤를 이었고 소전의 조종이 되었다. 북 모양의 돌에 글자를 새겼으므로 석고(石鼓)라는 명칭으로써 그 글자를 일컫게 되었다)고 하였다. 이와 같이 석고문은 甲骨, 金文을 계승하고, 이사(李斯) 소전의 조종(祖宗)이라고 할 수 있으며, 당대(唐代) 구양순(歐陽詢), 우세남(虞世南), 저수량(褚遂良)은 물론, 송대(宋代) 이후의 역대 서법가들이 모두 이를 추숭(推崇)하지 않는 이가 없었고 아울러 전서의 모범으로 삼았다.

※소전(小篆)

태산각석(泰山刻石)

소전은 천하를 통일한 진시황제(秦始皇帝 : B.C 246-210)가 재상(宰相) 이사(李斯)로 하여금 이전까지 사용되었던 大篆을 간소화하는 작업을 통해 창제된 서체로 甲骨, 鐘鼎, 石鼓와 구별되므로 진전(秦篆)이라 불리워졌다. 이 소전은 모두 입석각자(立石刻字) 하였는데, 이 각석은 시황이 天下를 통일한 2년후부터 각지를 순행(巡行)하면서 세운 자신의 송덕비(頌德碑)라고도 말할 수 있는 것으로, 기원전 219년에 세운 역산(嶧山). 태산(泰山), 낭야대(瑯琊臺)각석, 기원전 218년에 세운 지부(支部), 지부동관(支部東觀)각석, 기원전 215년에 세운 갈석(碣石), 기원전 210년에 세운 회계(會稽)각석의 7개의 각석이 있다. 그러나 이것들은 모두 망실(亡失)되고 겨우 태산각석의 9자와 낭야대의 잔석만이 남아있을 뿐이며 그 후 세상에 전하여지고있는 것은 후에 복각(覆刻)한 것이다. 小篆은 그 형체가 고르고 둥글며, 정연(整然)스러워 둥근 것(圓)은 그림쇠(規)에 맞고, 모난 것(方)은 곱자(榘)에 맞고, 곧은 것(直)은 먹줄(繩)에 맞으며, 용필(用筆)은 마치 솜 안에 철선(鐵線)이 있는 것 같고, 행필(行筆)은 봄누에가 고치실을 토하는 듯하며, 방(方) 보다는 원(圓)에 따른다. 그래서 소전은 상당히 규범적이어서 편방(偏旁)의 부수(部首)에 대해 일정하게 쓰는 법이 있고, 필획이 모두 완곡하면서도 평평하고 곧은 단선(單線)이며, 필획의 굵고 가늠이 기본적으로 불변이다. 또한, 비교적 둥글고 천연스럽고 나머지는 아직 정확히 해석되지 않고 추측에 불과한 설들만 무성하다.

　형태는 매우 상형적(象形的)이며 필획이 가늘기는 하지만 그 법도는 방원(方圓)이 같이 어울리고 비수(肥瘦)가 조화를 이루는 의취(意趣)를 보인다. 필획은 방필(方筆)이 다수를 차지하고, 그 원형(圓形)인 것은 구불구불 은근히 구르면서 자연스러워 도무지 칼로 새긴 것 같지가 않으며, 서예의 시각으로 분석하면 크게 웅장하고 힘있는 모습을 하고 있다. 그리고 갑골문이 먼저 글씨를 쓰고 난 뒤에 새긴 것이냐? 아니면 직접 칼로 새긴 것이냐? 에 대해, 과거에는 많은 논란이 있었으나 지금은 대부분 먼저 글씨를 쓴 다음 칼로 새긴 것으로 여기고 있다. 갑골문의 발견으로 알 수 있는 중요한 것으로 당시에 이미 붓 모필(毛筆)이 있었다는 사실이다. 1929년에 발견된 3편의 수골(獸骨)에는 아직 다 새기지 못한 서사문자(書寫文字)가 적혀 있다. 여기에는 모필과 묵즙(墨汁)으로 서사하였는데, 이것이 곧 필묵(筆墨)으로 서사한 후에 새겼다는 것을 말해주고 있다.

※금문(金文)

산씨반(散氏盤)

　금문은 종정문(鐘鼎文)이라고도 부르는데 은주시대(殷周時代)의 청동기 위에 주조(鑄造)되어 있거나 새겨진 글자를 가리킨다. 그릇, 무기, 거울, 도장, 돈 같은 것에서도 발견된다. 동기에 문자를 기록하는 것은 상(商)에서 한(漢)대에까지 이른다. 상대의 것은 그림문자도 많으며, 대개의 금문은 갑골문을 계승하고 진(秦)대의 소전(小篆)에 이어지는 대전(大篆)이다.

　동기 중에는 종(鐘)과 정(鼎)이 비교적 중요하여 이 때문에 鐘鼎文이라 부르는데, 鐘은 일종의 악기(樂器)로 받침대 위에 걸어 놓고 나무망치를 쳐서 소리를 냈으며 鼎은 제기(祭器)로 세 발과 두 귀가 있고 향로와 비슷하다.

　종정의 명문(銘文)은 사전(祀典), 사명(賜命), 정벌(征伐), 약계(約契)에 관한 내용이 많은데 은대(殷代)의 금문은 대부분 자수(字數)가 많지 않고 주대(周代)에 이르러 명문이 많아지며, 가장 긴 것은 선왕(宣王)시대의 모공정(毛公鼎)으로 499자에 이른다. 명문은 요(凹)로 된 것이 관(款)이고, 철(凸)로 된 것이 지(識)이다. 종정의 주조는 시기와 지역에 따라 다르고 쓰여진 字體도 서로 다르다. 이런 것들 중에는 갑골상형문자(甲骨象形文字)도 있고, 고문(古文)과 육국이문(六國異文)도 있다. 명문의 대다수는 본(本)을 보고 새겨서 주조(鑄造)한 것인데, 이 때문에 글자의 필획은 갑골에 비해 조장(粗壯)하고, 자체(字體)도 비교적 응중(凝重)되어 있으며, 곡선과 직선은 변화가 많아 비교적 자유롭고 개방적이다.

　결구(結構)는 조화(調和)와 호응(呼應)이 중시되었고 크기도 점차로 균형 잡혀 있으며, 여유롭고 아름다운 느낌을 주고 있어 당시의 심오한 기교를 엿볼 수 있다. 금문의 대표적인 작품으로는 모공정(毛公鼎), 송정(頌鼎), 대우정(大盂鼎), 산씨반(散氏盤) 등이 있다.

※대전(大篆)

　大篆이라 함은, 秦始皇이 중국을 통일하기 이전에 7국(진,초,연,제,한,위,조)에서 각자 사용했던 조금씩 다른 글자 전체를 말한다. 현재 남아있는 것으로는 石鼓文이 유일하며 현존하는 最古의 石刻文字이다. 석고문에 대해 설명하자면 옛날에는 둥근 것을 갈(碣)이라 하고, 네모난 것을 비(碑)라 하였는데, 석고는 원형이었고 새겨놓은 내용이

Ⅱ. 전서·예서·해서·행서·초서·한글서체

1. 전서(篆書)

갑골문(甲骨文), 종정문(鐘鼎文:金文) = 고문(古文) 대전(大篆), 소전(小篆)을 포함한 서체를 말한다. 전서라고 불리는 문자가 이 세상에 통용된 기간은 매우 길다. 따라서 전서는 그것이 사용된 지역도 넓을 뿐 아니라, 그 종류도 많아 한마디로 어떠한 것이 전서라고 꼬집어 말하기는 쉽지도 않다. 전서란 예서(隷書) 이전의 모든 문자를 통칭하는 것이라고 할 수 있는데 그것은 한자의 원시적 형태로부터 위시하여 대전(大篆)과 소전(小篆)으로 불리는 것들이 포함된다. 전서는 진한 이전의 여러 서체를 통칭하는 말이다. 전서는 크게 대전(大篆)과 소전(小篆)으로 나누고, 100년전에 발굴된 은상 시대의 복사문(卜辭文)도 대전으로 분류하는 것이 옳을 것 같다. 이 시기에는 거북, 동물의 뼈등에 새긴 복사문 이외에도 청동기에 새기기도 하였는데 이를 금문(金文) 또는 종정문(鐘鼎文)이라고 부른다. 또한 대전은 주문이라고도 하는데 주나라 때 사주(史籒)가 문자의 짜임을 실용적으로 간소화시켰으므로 붙여졌다. 그 대표적인 것으로는 주대의 석고문(石鼓文)이 있다. 소전은 진시황(B.C. 246-210)이 중원을 통일하였을 때 승상 이사(李斯)가 황제의 권위를 상징하는 새로운 모양으로 정리한 것이다. 대전이 자연스럽고 질박하다면 소전은 반듯하고 중후한 감을 준다. 소전의 대표적인 것으로는 진시황의 공적을 기록한 태산각석, 낭야대각석, 역산비가 있다. 소전은 모두가 원필이며 자형이 아래위로 길다.

※갑골문(甲骨文)

갑골문(甲骨文)

갑골은 귀갑수골(龜甲獸骨)의 준말이다. 갑골문은 은나라 때에 점을 치기 위한 정복문(貞卜文)과 그 당시 사실을 적은 기사문(記事文)이다. 곧 제사·전쟁·사냥·농사·질병에 대한 길흉을 판단하기 위한 것으로서 거북의 배 부분의 뼈나 소와 사슴의 어깨뼈에 정인(貞人)이나 제주(祭主)가 의문이나 해답 그리고 점친 후의 징험들을 새겼다. 갑골문은 상형문자에 가까우며, 예리한 공구로 새겨서 직선이 많으며 획의 끝이 뾰족한 것이 그 특징이다. 갑골문은 1899년에 처음으로 발견되었다.

고대 중국어에서 貞은 '곧을 정'이 아니라 점을 '물을 정'이다. 기간은 거의 전부가 商代말기(1300~1100 B.C)로 왕의 점복기록이다. 정확히 말하면 商代후기에 판경(盤庚)왕이 은(殷)으로 도읍을 옮긴 이래로 상(商)왕조의 마지막 왕 띠신(帝辛), 즉 저우왕(紂王)까지 12왕 273년간 商왕실에서 행하여진 점복기록의 문자이다. 그리고, 西周 시대의 甲骨文이 새로이 발견되었는데, 주로 북경 昌平 白浮의 燕國 묘지와 섬서성 기산 등에서 1만 7천여편의 갑골을 발굴했으며, 특히 扶風懸 齊家村에서 문자가 있는 甲骨 100여자를 찾아내어 이로써 甲骨文이 商의 은허(殷墟)뿐 아니라 西周時代에도 쓰였음을 알 수 있었다.

출토장소는 殷墟 갑골은 거의가 회갱(灰坑)에서 출토되었지만 西周 갑골문은 대다수가 종묘 궁전기지에서 발견되었다. 甲骨卜辭의 주요내용은 제사·기상·수렵·질병·몽환·정벌 등이다. 갑골문을 새기는데 사용된 재료로는 귀갑(龜甲), 소어깨뼈(牛肩)가 주류를 이루며, 그밖에도 소의 다리뼈, 늑골, 두개골, 사슴두개골, 사슴뿔(鹿角), 코뿔소(犀牛骨), 호랑이뼈(虎骨), 심지어는 사람두개골까지도 발견되었다. 지금까지 발견된 갑골조각총수는 대략 15만~16만여 조각이라고 하며 글자는 150만자 정도가 된다고 한다. 그 중에서 겹친 글자를 빼면 대략 5천여자 정도의 글자로 2~30%정도만 해석되고 나머지 7~80%가 과제로 남아있는 셈이다. 해독된 글자는 1000여자 정도이며 측한 것이 된다. 신선한 먹물이라고 해서 반드시 간 즉시 써야 하는 것은 아니다. 오히려 먹과 물이 충분히 용해된 후, 즉 시간적으로 3시간~6시간 내외가 경과한 다음이 좋다. 먹을 갈아 채 물에 용해되기도 전에 쓰면 설사 먹물은 진해도 수분기가 배어 나오는 수가 있다. 소동파(蘇東坡)는 글씨 쓸 때 항상 전날 먹을 갈아 놓았다가 다음날 아침에 벼루바닥에 싸인 앙금은 버리고 그 위의 것만 썼다고 하는데 이를 담묵(淡默), 혹은 청묵(淸默)이라고 전한다.

⑥ 생수(生手) : 붓은 손으로 잡고 쓰는 것이기 때문에 무엇보다 손의 컨디션이 좋을 때 쓰는 것이 이상적이다. 손으로 힘겨운 일을 하고 난 직후라든가 손이 피로할 때 무리하게 쓰면 글씨가 제대로 되지 않을 것은 당연한 일이다. 따라서 좋은 글씨를 쓰기 위해서는 손의 상태가 좋을 때 쓰지 않으면 안된다.

⑦ 생신(生神) : 神이란 곧 精神을 말하는데, 정신에 있어 새로운 정신이라면 번잡한 생각 때문에 머리가 착란해 있거나 혹은 피로하지 않은 상태를 가리키는 것이 된다. 글씨를 쓸 때는 고요한 생각, 자기의 정신을 한 곳에 모아 그야말로 정신을 통일시켜 잡념이 없는 생생한 기분으로 쓰지 않으면 안된다. 글씨를 쓰는 동안 갖가지 공상이나 딴 생각을 한다는 것은 있을 수 없는 일이다.

⑧ 생안(生眼) : 눈의 상태가 나쁘면 글씨를 쓰는데 많은 장애가 생긴다. 첫째 눈앞이 아른거리면 정신이 집중될 수도 없을 것이니 눈이 피로하거나 할 때면 아예 붓을 잡지 말아야 할 것이다.

⑨ 생경(生境) : 글씨를 쓸 당시의 그 주위환경을 말한다. 글씨는 반드시 日氣가 맑고 그래서 기분도 상쾌하고 마음이 쾌적할 때 써야 좋은 것이다. 주위가 음울하거나 하면 글씨도 좋은 것이 될 수 없을 것임은 두말할 나위도 없는 일이다. 반면에 풍광이 좋은 곳에서라면 글씨 또한 절로 흥취에 젖게 될 것이다.

이상이 곧 구생(九生)이다. 唐의 이양빙(李陽冰)이라는 서가(書家)는 특히 이에 철저했던 사람으로 전한다. 좋은 글씨를 쓰기 위해 九生法을 守則으로 삼는 것이 바람직하다.

9. 문방사우(文房四友)

① 종이(紙) : 먹의 흡수와 먹색의 농도가 투명하게 나타나는 것이 좋다. 화선지가 널리 쓰이며 보관 시에는 햇볕이나 바람 닿는 곳을 피한다.

② 붓(筆) : 붓의 털 재료는 보통 양호필을 사용하고, 서예용 붓은 장봉, 중봉을 선택하는 것이 좋다. 털이 곧고 끝이 뾰족하며 탄력있는 것이 좋다. 붓은 사용후 언제나 깨끗하게 씻어서 습기 없고, 통풍이 좋은 곳에 보관한다. 먹이 묻어서 굳어진 붓은 벼루바닥에 문지르거나 먹으로 짓눌러 억지로 풀려고 하지 말고 물에 담가 두어 저절로 풀리게 해서 사용한다.

③ 먹(墨) : 비교적 가볍고 광택이 나며 향기가 나는 것이 좋으며 먹물을 갈아서 탁하지 않고, 부드러워야 한다.

④ 벼루(硯) : 숫돌과 같은 성질의 것으로 먹이 맑게 갈리고 물이 잘 마르지 않는 것이 좋다.

나. 臨書(임서)의 目的(목적)

1) 古人(고인)들이 어떠한 태도로 글씨를 썼는가를 이해하고 감상하기 위해서
2) 전통적 표현 기법을 배워 書의 성격을 이해하고 체득하기 위해서
3) 書의 창작술을 이해하기 위해서
4) 法帖(법첩)에 依據(의거)하여 자기표현을 시도하기 위해서

8. 구생법(九生法)

글씨는 주변환경이나 쓸 당시의 정신상태에 따라 많은 영향을 받는다. 그래서 예부터 文人들은 서재를 격조높게 꾸미고 책상 곁에는 물고기를 기르는가 하면 정원을 가꾸기도 하면서 書자체의 연찬 못지 않게 마음의 청정을 도모하는 데에도 힘을 기울였다.

어수선한 환경이나 맑지 못한 정신으로서는 좋은 글씨를 쓸 수가 없는 것은 당연하다. 주변의 상황도 그러하지만 書의 직접적인 매개체가 되는 문구(文具)나 용품(用品)에 있어서는 더욱 그러하다. 이러한 관점에서 좋은 글씨를 쓰기 위해 갖추고 지켜야 할 사항에 대해 논한 것으로 구생법(九生法)이라는 것이 있다. 九生法은 직접적인 도구나 재료가 되는 紙, 筆, 硯, 墨을 위시하여 먹을 가는데 쓰일 물, 그리고 글씨를 쓸 때의 기분 등에 관해서 까지 폭넓게 논급을 하고 있다.

九生法에서 말하는 '生'이라고 하는 것은 "새롭다. 혹은 새로운 것"을 말하는 것으로서 곧 썩거나 묵은 것이 아니라는 뜻이다. 갖추어야 할 아홉가지 生을 들어보면 다음과 같다.

① 생필(生筆) : 붓모가 항상 깨끗하게 정돈되어 있어야 한다. 글씨를 쓰고 나서 붓을 빨지 않아 먹이 응고된 채로 있는 것을 가지고 다시 사용해서는 온전한 글씨가 될 수 없을 것이다. 깨끗이 빨아 필모(筆毛)도 가지런히 잘 정돈되어 있는 그러한 붓이 곧 생필(生筆)이다. 이 같은 生筆을 사용해야만 剛(강)·柔(유)가 그 나름으로 역할을 다하게 되어 제대로의 글씨가 된다는 것이다.

② 생지(生紙) : 화선지를 바람 부는 곳에 방치해 두거나 하면 종이의 조직이 팽창해서 글씨를 썼을 때, 먹발이 좋지 않을 뿐 아니라 붓이 지면에 닿기 바쁘게 번진다. 화선지는 바람이 직접 부딪히지 않는 곳에 보관해야 하는 것이다. 오랫동안 바람을 쏘이거나 직접 햇빛을 받은 종이는 적어도 서예용으로는 쓸모 없는 것이다. 신선한 종이가 곧 生紙이다.

③ 생연(生硯) : 먼지나 때가 묻지 않은 벼루를 말한다. 벼루에는 사용할 때에만 물을 붓고 쓰고 난 후에는 반드시 먹을 깨끗이 닦아서 말려 두지 않으면 안된다. 만약 갈아 놓은 먹물을 그대로 놓아두거나 하면 먹 찌꺼기가 응고되어 거기에는 아무리 좋은 먹을 간들 발묵이 좋은 먹물이 될 수 없기 때문이다.

④ 생수(生水) : 먹을 갈 물은 새로 푼 물이라야 한다는 뜻에서 生水라고 한다. 떠놓은 후 오래 된 물은 먹을 갈아도 먹색에 윤택이 나지 않는다. 먼지 낀 물이라면 기분인들 좋을리 없다. 반드시 새로 떠온 물을 쓰지 않으면 안된다.

⑤ 생묵(生墨) : 먹은 필요한 만큼만 갈아서 쓰는 것이 바람직하다. 남겨둔 먹물이 너무 오래 되면 광택이 없어진다. 이것을 니둔(泥鈍)이라고도 하는데, 먹물이 말끔하지 않고 엉겨서 둔하다는 말이다. 먹물은 소용될 만큼 갈아 쓰는 것이 원칙이나 오래지 않아 또 쓸 일이 있는 터에 만약 남은 먹이 있다면 병에 담가둘 수도 있기는 하겠다. 그러나 이때에도 며칠씩 두는 것은 좋지 않다. 물이 부패하기 때문이다. 묵은 먹물은 숙묵(宿墨)이라고 하는데 宿墨으로 쓴 것을 배접하면 먹물이 분해되어 흉

고 서선이 살아있는 듯하지만 편봉으로 글씨를 쓰게 되면 힘이 약하고 획형이 보잘것없어 보인다.

立鋒(입봉) : 立鋒(입봉)이란 收筆(수필)할 때 필봉이 휘어지지 않고 똑바로 선 상태를 말하는데 입봉이 되지 않으면 다음 획을 연속으로 쓸 수 없으므로 입봉이 되도록 練習해야한다.

隱鋒(은봉) : 隱鋒(장봉藏鋒이라고도 함)은 鋒芒(봉망)을 안쪽으로 하여 밖으로 노출 되지 않게 하는 形式(형식)을 말한다. 하나의 획을 쓸 때 처음 부분에 필봉을 어떻게 들이대느냐에 대한 운용방법인데 붓끝, 즉 필봉을 서선의 처음 부분으로 밀어서 대면 붓끝이 감추어지게 된다. 이렇게 필봉을 감추어지게 대는 것을 장봉이라고 한다. 그래서 장봉은 붓을 순서대로 대지 않고 역으로 입필한다고 하여 역입(逆入)이라고 하는데 역입을 하면 필봉은 자연히 장봉으로 된다. 밀어 올렸다가 아래로 행필을 하고 횡획은 오른쪽에서 왼쪽으로 미는 듯했다가 다시 오른쪽으로 필봉을 행필한다. 그래서 이러한 필봉의 움직임을 역입장봉(逆入藏鋒)이라고 하는데 이와 같은 방식으로 글씨를 써야 필력이 강하게 보이게 된다.

露鋒(노봉) : 露鋒은 起筆할 때 鋒끝(筆鋒)을 생긴 그대로 紙面에 대어 鋒芒(봉망:鋒의 가장 끝, 뾰족한 곳)이 劃의 表面(표면)으로 나타나게 하는 것이다. 노봉은 행서나 초서에서 많이 나타나는데 연미(姸美)하며 활발한 느낌을 준다. 초심자는 반드시 장봉으로 써야 하며 노봉이 쉽고 편하다고 버릇을 들여놓으면 헛일이다.

4) 기필(起筆)·행필(行筆)·수필(收筆)·절필(折筆)

기필(起筆) : 우선 가고자하는 방향의 반대쪽으로 붓을 대어 붓끝이 나타나지 않도록 한다「逆入」. 가로획의 경우에는 붓을 댄 후 왼쪽으로 갔다가 다시 오른쪽으로 움직이며, 세로획의 경우에는 붓을 댄 후 위쪽으로 향하여 갔다가 다시 아래로 향한다. 이렇게 하면 붓에 힘이 모아질 수 있다.

행필(行筆) : 붓의 움직이는 속도를 起筆 收筆보다 빠르게 하고, 한 획마다 적당한 지점에서 머물러 붓을 세우는 과정을 2~3회 반복한다.「頓提」

수필(收筆) : 붓을 거둘 때는 오던 방향으로 돌려서 붓끝이 나타나지 않게 한다「回鋒(회봉)」. 가로획의 경우에는 오른쪽으로 가 던 것을 꺾어서 왼쪽으로 향하게 하며「無往不收(무왕불수)」, 세로획의 경우에는 아래쪽으로 가던것을 꺾어서 위쪽으로 향하게 하여 거둔다「無垂不縮(무수불축)」. 起筆, 收筆 부분을 너무 의식적으로 표현하면 어색하므로 그 행동범위를 작고 자연스럽게 해야 한다.

折筆(절필) : 曲線(곡선)은 小直線(소직선)의 連結(연결)이므로 小直線은 點(점)의 연결, 즉 직선은 점이 모여 선을 이룬 것이라 한다면, 한 획을 그을 때에도 점을 찍어 나가는 마음으로 하되 그 획이 겉으로 드러나도록 하는 것이 아니라 全身精力이 筆鋒에 이르러 運筆할 때 그 획이 굳고 강하며 부드러운 느낌을 갖도록 하는 것을 말한다. - 오랜 숙련을 통하여 마음으로 절필이 되도록 해야한다.

7. 임서(臨書)

가. 臨書(임서)의 種類(종류)

1) 形臨(형림) : 文字(문자)의 형태에 중점을 두는 방법으로서 주로 用筆, 運筆(용필, 운필)의 원리가 이해되면서 형상이 파악된다.

2) 意臨(의림) : 筆法(필법), 筆勢(필세) 등을 이해, 체득하면서 書 자체가 지닌 감정을 감지하는 방법. 즉 의림은 거기 있는 정신에 자기의 역량을 얻는 것을 의미한다.

3) 背臨(배림) : 형림과 의림으로 체득한 관념과 능력을 기초로 해서 範本(범본)을 떠나 연습하는 방법.

붓을 누르고 난 뒤 붓을 움직일 때 행해진다. 구체적으로는 波磔(파책)을 모을때, 掠(약) 策(책)의 收筆 과정에서 분명히 나타난다.

하나의 획에는 굵고 가늚(粗細)의 변화가 있기 때문에 頓 提는 항상 한 획속에서 반복적으로 행해진다. 한 획이나 획 사이에 頓 提가 명확하면 할수록 粗細(조세)가 분명해지며, 粗細의 변화가 뚜렷하면 리듬감을 주어 肥瘦(살찌고 마름) 輕重(가볍고 무거움)의 변화도 나타나게 된다.

2) 轉(전)·折(절)·方(방)·圓(원)

轉(전) : 붓을 종이에 대고 둥글게 굴려 돌려서 모나지 않은 필획(筆劃)을 만드는 것이다. 행필과정에서 너무 오래 머물지 않도록 하고 속도를 고르게 해야 한다. 전서(篆書)나 초서(草書)에서 많이 쓰인다.

折(절) : 꺾는다는 뜻으로 모난 필획을 만드는 것이다. 주로 기필이나 수필할 때 방향을 바꾸는 데 쓰이며 획의 방향전환 시 나타난다. 일반적으로 折의 방법은 우선 頓(누름)으로 붓끝을 눌러 굵게 하면서 잠시 멈추는 듯하여 행필의 방향을 바꾸어 꺾은 후에 붓을 점점 들어서 가늘어지게 提한다. 따라서 꺾이는 획은 折 전에는 頓, 후에는 提가 있어야 한다.

方(방) : 필획 중에서 획의 모양이 모난 것을 이른다. 그 모양이 方整(방정)하고 頓할 때 骨力이 밖으로 향하여 나타나기 때문에 '외척(外拓)'이라고 한다. 기필 수필할 때 붓끝을 꺾어서 움직이면 '방필(方筆)'이 된다. 한예(漢隸)와 북위(北魏)의 해 서(楷書)에서 많이 보이는 필획이다.

圓(원) : 붓을 댄 곳과 뗀 곳이 둥근 형태를 이루게 하는 것으로서 그 필획의 둥글고 힘이 센 듯한 느낌을 풍긴다. 획의 모양은 속으로 살찐 듯하여 강한 骨力이 밖으로 드러나지 않아 '내함(內含)'이라고 표현한다.

3) 中鋒(중봉)·측봉(側鋒)·은봉(隱鋒)·노봉(露鋒)

中鋒(중봉) : (정봉正鋒이라고도 함)은 한개 획을 쓸 때 필봉을 서선의 중간으로 행필한다는 뜻으로 설명하는데 붓의 털 부분을 전부 가지런히 하여 필봉의 위치를 항상 서선의 중간에 가게 하여 써 나가는 방법을 중봉용필, 또는 중봉법이라고 한다. 이렇게 용필을 하면 먹물이 종이 뒷면까지 힘있게 침투하여 웅경(雄勁)하고 절대로 경박하거나 태만해 보이지 않으며 병든 글씨 같지가 않게 되는 것이다. 筆鋒은 劃에서 骨(골)을 形成(형성)하게 되며 劃에서의 骨은 반드시 筋肉(근육)의 正中間에 와야되므로 한글 서예는 물론 篆, 隸, 楷, 行, 草(전, 예, 해, 행, 초)의 모든 書法(서법)은 마땅히 中鋒을 爲主(위주)로 運用(운용)하게 되는 것으로 이 中鋒用筆은 바로 서법의 전통적 필법이 되고 있는 것이다. 中鋒 用筆을 하면 자연히 萬毫齊着(만호제착)[1]도 되는 것이니 정확한 執筆(집필)과 運腕(운완)으로써 부지런한 연습이 또한 요구된다.

側鋒(측봉) : 側鋒(측봉)은 흔히 偏鋒(편봉)이라고 부르는 것으로 點劃의 어느 한쪽(側)으로 筆鋒이 치우치는 것을 말한다. 옆으로 劃(획)을 그을 때 筆鋒(필봉)이 上端(상단)이나 下端(하단)으로 치우쳐 가거나 아래로 내려그을 境遇(경우) 왼쪽으로 치우쳐 그어졌다면 이것은 글씨를 쓴 것이 아니라 먹을 종이에 그냥 바른 것이 된다. 또한 편봉으로 운필을 하면 서선의 한쪽은 매끈하고 반대편은 서선이 거칠게 보이기 때문에 이렇게 쓴 글씨는 획형이 평평하고 가벼우며 힘이 없어 보인다. 중봉으로 쓴 글씨는 입체적이

---

[1] 萬毫齊着(만호제착) : 書(서)를 揮毫(휘호)할 때 毫全部(호전부)가 지면에 닿아야 된다는 法이며 萬毫齊着이 되면 筆은 紙面과 垂直(수직)으로 서게 되므로 中鋒用筆(중봉용필)을 할 수 있는 것이다.

5. 집필전반(執筆全般)에 관해 유의해야 할 사항

바른 글씨를 쓰기 위해서는 자세가 정확해야 한다. 바른 자세란 몸가짐이 자연스러운 상태에 있고 정신이 긴장하거나 흥분하는 일 없이 평안을 유지하는 것을 말한다. 의자에 앉아서 쓸 경우의 바른 자세는 다음과 같다.

우선 마음을 편안하게 가라앉히고 정신을 집중한 다음 책상에서 10cm쯤 떨어져 가슴을 펴고 앉는다. 손을 반드시 얼굴 중심 30cm 전방에 머물게 하고 팔은 둥글기가 마치 맷돌질하는 형태로 수제골(手蹄骨)이 탁자를 향하게 하면 필관은 곧게 서도록 된다.

대지(大指)와 식지(食指)가 형성하는 호구(虎口)의 용안(龍眼)은 탁자와 수평을 이루어야 하며 왼손은 힘을 주어 탁자를 짚어 좌실(左實), 우허(右虛)가 되도록 한다. 그래야만 오른손이 자유자재로 움직이며 현완이 되게 한다. 여기서 현완이라 함은 팔을 든다는 뜻으로 팔이 책상과 평행이 되도록 든다.

지면과 눈과의 거리는 30cm 정도를 견지하되 의연한 자세로 정좌하는 것이 원칙이나 상반신이 약간 앞으로 숙여지게 된다.

손가락은 일단 붓을 잡은 다음에는 고쳐 잡는 것이 아니며 손가락으로 붓대를 돌리는 일이 있어서는 안된다. 또한 운필은 팔이 행하는 것이므로, 손목은 팔을 통해서 오는 上腹部(상복부)의 움직임에 따라서 동작하는 것이다. 그리고 등은 곧게 유지하여야 하며, 곧 등이 바르면 스스로 허리가 안정된다. 머리는 다소 앞으로 자연스럽게 숙이고, 종이는 자기 몸의 정면에 놓는 것이 이상적이다.

6. 筆法

가. 用筆法(용필법):

지면에 점획을 揮毫(휘호)할 때 올바른 집필법과 자세에 의하여 붓의 성능을 잘 살려서 어떻게 하면 점획에 자세와 性情(성정)이 잘 표현되어 생동미 있는 書를 揮毫(휘호)할 수 있는가 하는 즉 筆의 使用法(사용법)을 말하는 것이다.

나. 運筆法(운필법):

用筆(용필)의 시간적 연속에 있어서 筆運(필운)의 요령 즉 抑揚(억양), 緩急(완급), 遲速(지속), 筆壓(필압)등의 變化(변화)에 의하여 書에 筆의 氣勢(기세)를 표현하는 것을 의미한다.

운필이란 간단히 말해서 점을 찍고 획을 긋는 방법이라 할 수 있으며, 구체적으로는 1획을 쓸 때 처음에 붓을 대어서 끝으로 붓을 거둘 때까지의 붓의 활용을 어떻게 하느냐 하는 붓의 운용 방법이다. 그리고 운필은 단순한 기교에서 그치는 것이 아니라, 마음과 손을 함께 쓰는 수양이라 할 수 있다. 즉 마음을 바르게 함과 동시에 손의 움직임을 같이 해야하는 수양이다. 「心手竝用. 心正卽筆正」

1) 頓(돈)·提(제)

붓은 상대적인 활동(예: 가고 멈춤, 느리고 빠름, 가볍고 무거움 등)에 의해서 움직여진다. 그리고 글씨를 쓰는 것은 이러한 모순 대립되는 움직임, 특히 頓(按)과 提의 반복 교대에 의해서 이루어진다.

頓(돈) : 提와 정반대로 붓끝을 누르거나 머무르는 것이다. 頓은 기필 수필의 꺾는 부분이나 방향전환시, 그리고 점점 굵어지게 쓸 때 행해진다. 구체적으로 파책부분과 策啄(탁)의 시작부분에서 분명히 나타난다.

提(제) : 획을 쓸 때 붓끝을 당겨서 끌듯이 하는 것이다. 提는 붓을 점점 가늘어지게 하거나, 起筆 收筆 부분에서

■ **지실장허(指實掌虛)** : 撥鐙法(발등법)으로 필관을 잡았을 때 손바닥 안에 계란 하나가 다소곳이 들어갈만한 상태의 집필을 가리키는 것인데 즉 손가락의 힘은 충실하고 손바닥 안은 虛(허)하다는 의미이다.

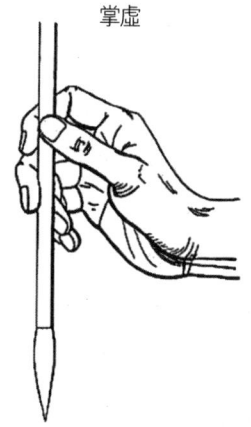

서예의 집필법에 관하여 오래전부터 많은 이론들이 있는데 멀리는 한나라 때 채옹 등이 주장하기 시작해서 가까이는 청대의 강유위나 유희재에 이르기까지 수많은 서론가들이 나름대로 자신의 논리들을 개진해 왔다. 집필과 운필에 관한 술어들을 말하자면 붓은 손을 사용해서 잡기 때문에 이를 수법(手法)이라고도 한다. 수법은 지법(指法:손가락)과 장법(掌法:손바닥) 및 완법(腕法:팔)이 합쳐진 말이다. 이를 세분하면, 붓잡는 방법인 집필법(執筆法:붓잡는 방법)에 있어서 기본적인 요구는 지실장허(指實掌虛:손가락은 실하게 하고 손바닥은 허하게 한다)가 되도록 해야 한다는 것이다. 즉 붓을 잡을 때 다섯 손가락은 긴밀하게 결합되어야 하고 소지는 명지의 밑 아랫부분에 붙여서 밖으로 밀어내고 그 나머지 손가락들은 균형 되게 필관을 감싸준다. 이 때 손가락 끝에 힘이 있게 하고 손바닥은 자연스럽게 텅 비워야 한다. 이것을 지실장허라고 하는 것이다.

이 말은 손바닥에 힘을 빼고 손가락 끝에 힘을 모아 붓을 잡아야 함을 우회적으로 설명한 것인데, 야구선수나 검도선수가 어깨의 힘을 빼야 방망이나 칼끝에 힘이 원활하게 집중되는 이치와 같다. 명나라 팽대익(彭大翼)이라는 사람은 이에 대해 "용필의 방법에 있어서 손가락이 실해지면 고르고 평균적으로 (손바닥을 텅 비운 장허의 모습)힘을 사용할 수 있게 되고, 손바닥을 비우게 되면 편하고 쉽게 운용할 수 있게 된다(用筆之法, 指實則用力均平, 掌虛則運用便易)"라고 말했다.

여기에서 보듯이 실지허장, 혹은 지실장허 등은 모두 붓을 잡고 운용할 때 손가락과 손바닥을 어떻게 해야 하는지에 관해서 설명한 말이다.

나. 姿勢(자세)

1) 枕腕法(침완법): 왼쪽 손을 붓을 잡은 오른쪽 손목에 받치고 쓴다. (작은 자를 쓸 때)
2) 提腕法(제완법): 오른쪽 팔꿈을 책상에 대고 팔목 부분을 들어 올리고 쓴다.(작은 자와 중간 정도 크기의 글씨를 쓸 때)
3) 懸腕法(현완법): 현완법은 글씨를 쓸 때 팔을 책상에 대지 않고 들어 올리고 쓰는 방법을 말한다. 그래야만 자유로운 운완으로 전신의 기력은 충분히 발휘되고, 팔, 팔뚝, 팔목, 손가락이 모두 움직여져서 온 힘이 붓끝(筆鋒)에 도달할 수 있게 된다.

■ **腕平掌竪(완평장수)** : 집필이 제대로 된 다음에는 팔목을 平正(평정)하게 하고 손바닥은 세워야 하는 것을 말하는데 「腕平」이란 집필했을 때 팔목 뼈가 지면을 향하고 팔은 지면과 평행을 이루는 것을 말하며 掌竪(장수)란 손바닥을 옆으로 세워 마치 맷돌질할 때의 상태와 같은 것을 말한다. 자세히 살펴본다면 붓을 잡을 때 손바닥은 모름지기 세로로 똑 바로 곧추 세워야 하며 이 때 팔목은 반드시 지면과 수평을 유지해야 한다. 이와 같이 하면 팔꿈치와 팔이 아울러 들려서 활발하고 편하게 움직일 수 있게 된다. 이렇게 되면 붓대롱은 수직으로 똑바로 서있게 되는데 이를 관직(管直)이라고 한다. 붓대롱이 곧추 세워져 있으면 봉(鋒)은 저절로 서있게 되는데, 즉 팔목을 들고 붓대롱(봉)을 세워서 운용하라는 뜻이라 할 것이다.

글자의 모양만 닮으려고만 한다면 헛된 먹 장난에 불과할 것이다. 正法을 통하여 한 서체를 본 받을 때에는 반드시 精一(정일)을 기하여 붓을 아무리 던져도 똑같지 않음이 없는 후에야 비로소 스스로 一家를 이룰 수 있는 것이다.

書藝(서예)의 書法(서법)은 한 시대 한 개인의 특권으로 만들어진 것이 아니라 전설 속의 蒼頡(창힐)이 새의 발자국 모양을 보고 漢文字(한문자)를 만든 이후 書藝는 약 五千年 동안 東洋人의 生活과 文字의 변화와 함께 자연적으로 숭고한 정신성과 審美性(심미성)을 가진 동양의 學藝(학예)로서 그 시대, 시운을 말해주면서 발전을 계속하여 현재에까지 이른 것이다.

黃庭堅(황정견)은 "가장 꺼리는 것은 꾸미려(裝綴:장철)함이니 곧 글씨를 이루지 못한다"하였고, 또한 "古帖(고첩)을 臨(임)하지 아니하면 古人(고인)의 一定(일정)한 法을 알지 못할 것이고, 古帖(고첩)을 널리 臨(임)하지 않는다면 古人(고인)의 一定(일정)한 법이 없음을 알지 못할 것이다"고 하였는데, 이 말의 뜻은 각각의 고첩을 임할 때에는 일정한 법이 있음을 알 때까지 노력해야 하고, 이것을 토대로 공부하면 자연히 일정한 법이 없음을 알게 된다는 뜻이다.

3. 筆(필)의 各部位(각부위) 名稱(명칭)

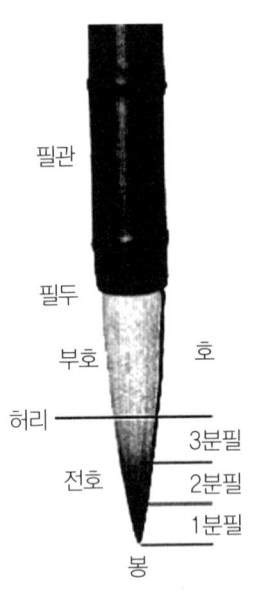

- 毫(호)를 前毫(전호)와 副毫(부호)로 나눈 이유는 반드시 前毫(전호)로만 使用하여 揮毫(휘호)해야만 하기 때문이다.
- 鋒(봉):붓끝을 가리키며, 글씨를 쓰는 데 가장 중요한 부위이다.
- 前毫(전호) : 직접 지면에 닿는 부분으로서 一分筆, 二分筆, 三分筆 등으로 나눌 수 있다. 일분 필은 작은 글자나 전서(篆書)에서 많이 쓴다. 다른 나머지 서체(書體)에서는 一, 二, 三分筆을 고루 사용한다.
- 副毫(부호) : 직접 지면에 닿지 않지만, 먹물을 저장하는 역할을 한다. 붓을 빨 때 이 부분의 먹물을 깨끗하게 제거해야 붓이 부드럽게 보존된다.

4. 執筆과 姿勢

가. 執筆法

1) 單鉤法(단구법): 拇指(무지, 즉 엄지)와 食指(식지, 즉 집게)만으로 잡는 方法
2) 雙鉤法(쌍구법): 拇指,食指,中指의 세 손가락으로 잡는다. – 이 두 方法은 손가락의 힘이 붓을 잡은 해당 손가락에 集中되기 때문에 細字를 쓸 때 適用된다.
3) 撥鐙法(발등법): 五指齊力法(오지제력법) 즉 다섯 손가락의 특징을 활용해서 집필하는 방법 – 이는 필관의 중앙 한쪽 면에 엄지손가락 끝을 대고 반대면에 中指를 식지와 평행한 위치에 대며 중지 위에 식지를 대고 다시 반대면 식지 아래 나란히 無名指(무명지,第四指),小指(소지,第五指)의 끝 부분을 댄다.

'서여기인(書如其人)'은 곧 '글씨는 그 사람'이라는 표현이 있다. 여기서 기인(其人)의 의미는 그 사람의 외모가 아니라 그 사람의 인품, 교양, 학덕 등을 뭉뚱그린 의미이다. 사람마다 독특한 자기 필체가 있다. 이것은 심성이나 생각이나 생체 리듬이 저마다 다르기 때문이다. 그러므로 서양에서는 사인(Sign)이 그 사람을 대표하는 징표로 쓰였을 정도이다. 사실 한 날 한 시에 한 스승한테서 서예를 배워도 며칠 안 가서 서로 다른 방식으로 운필하며, 색다른 모습을 표현한다. 글씨는 아무리 잘 써도 소용이 없다. 그 사람의 됨됨이가 되어 있지 못하면 주옥같은 글씨를 써도 아무 쓸모가 없다는 말이다. 이를테면 안중근 의사, 김구 선생, 그 밖의 학자, 성직자같이 존경받은 이의 글씨는 잘 쓰고 못 쓰고를 막론하고 선호하며, 매국노나 간신 모리배의 글씨는 거들떠보지 않고 소장하지도 않으려 한다. 그러므로 글씨를 쓸 때는 한갓 흥미나 아름다움의 창조에만 급급하지 말고, 글씨를 통해 마음을 다듬고 정서를 함양하며 나아가 더 나은 인격을 형성하는 일에 더 큰 뜻을 두어야 할 것이다.

다시 말해서 서예는 그 사람의 표현이다. 글씨만 보아도 그 사람의 성격이나 개성이나 심경 따위를 미루어 알 수 있다. 글씨를 함부로 쓰거나 잘못 배워서 글씨가 허물어지면 자기 자신도 허물어져 가는 것이요 정중하고 올바르게 글씨를 연마하면 글씨와 더불어 몸과 마음이 윤택해지고 훌륭한 작품도 남길 수 있음을 알아야 한다.

서예의 미는 한마디로 단정지을 수 없지만 그럼에도 다른 예술과 마찬가지로 예술 규율의 공통성을 갖추고 있다. 문자와 글씨 쓰는 법이 서예를 제약하는 것이 아니라, 문자의 의미상에서 우러나오는 상상, 집중, 포괄, 변위(辨爲) 같은 추상적인 개념이 겉으로 나타나는 것이어서 서예를 끊임없이 닦다 보면 문득 필설로 전할 수 없는 오묘한 비경을 느끼게 된다. 글씨에 점이나 획, 글자의 짜임, 장법(章法)등은 물론 중요하다. 그러나 자신도 채 느끼지 못하는 사이에 그러한 법의 한계를 떨쳐 버릴 수 있음이 서예의 진정한 맛이다. 운필(運筆)할 때의 심경과 생리가 우주의 기운에 부합될 적에 자연스럽게 흘러간 획, 짜임, 운등이 격조 있는 품(品)을 이루는데, 이것은 자신도 다시 흉내낼 수 없으며 서예의 자랑스러운 점이기도 하다. 서예의 특유성을 몇 가지만 들어 보면 문자를 가지고 하는 예술, 문자의 모양과 뜻에서 생겨난 추상 개념을 표현하는 것, 한번 지나간 획은 다시 덧칠하지 않는 일회성, 생체 리듬이나 음악의 리듬과 같은 율동성 그리고 한 작품을 할 때 쉬었다가 다시 하지 못하는 순간성 등을 들 수 있다.

2. 學書前에 알아둘 점

書法(서법)은 선생에 의해서 배울 수도 있으나 그 精神(정신)과 興味(흥미)는 자기 스스로가 가져야 한다. 書를 法에 맞게 잘 쓰겠다는 참다운 精神이 없고 또한 흥미를 갖지 않으면 오랫동안 참고 견디지 못할 것이므로 글씨가 아무리 신묘함을 갖추었다 하더라도 참다운 글씨가 될 수 없는 것이다.

한점 한 획이라도 필법을 쓰지 않는 곳은 없으니 筆端(필단:붓 끝)에 全身精力(전신정력)을 모아 쓰는 것은 비유하면 춤 잘 추는 무당이 장대 끝에 神을 모으고, 창 잘 쓰는 武士의 힘이 창 끝에 이름과 다름이 없는 것이다. 一點一劃(일점일획) 이라도 法에 어긋남이 있으면 完全(완전)한 書를 이룰 수 없으므로 그 根源(근원)과 變化(변화)를 硏究하여야 書의 眞理(진리)를 알 수 있을 것이다.

柳公權(유공권)이 말하기를 "用筆在心하니 心正則筆正(용필재심하니 심정즉필정)이라"하였으니 書는 곧 心畵(심화)요 心鏡(심경)을 말한 것이다. 그러므로 예로부터 사람을 선발하는데 身言書判(신언서판)을 取(취)한 것은 書로써 그의 사람됨을 짐작할 수 있기 때문이다.

程明道(정명도)가 말하기를 "내가 글자 모양을 좋게 하려는 것이 아니라 마음을 바로잡기 위하여 글씨를 쓸 때 조심한다" 하였으니 글씨를 쓰고자 하는 사람은 마음을 安定(안정)하고 바른 정신을 가져야 좋은 글씨가 될 것이며, 이것이 習慣(습관)이 되면 자연히 올바른 사람이 된다하여 孔子(공자)는 六藝(육예:禮樂射御書數「예악사어서수」)의 하나로 중요시하였다. 그러므로 書를 배움에 正法(정법)을 따라 배우는 것을 귀중하게 생각해야 하며, 그 法을 모르고

◼ 이론편

Ⅰ. 서예의 기본

1. 「서예」란

고려 때 「서예(書藝)」란 관직이 있었다. 「서예」가 여기서 비롯된 것은 아니지만 아름다운 글씨를 쓰려는 우리 조상의 얼이 예로부터 담겨져 있음을 알 수 있다. 서예는 중국 문화권에 있는 유일하고 특수한 문화라고들 말한다. 비록 우리들의 서예와는 다르지만 서구 문화권 등에도 글씨를 남기기 위한 노력은 있었다.

중국 문화권에서 「서예」가 최근까지 이어져 왔던 것은 1900년대 초까지 필기 도구가 그렇게 발달하지 못했기 때문이라는 것이 솔직한 말일 것이다. 현대에 살고있는 우리들은 이미 필기 도구 없이도 글씨를 쓸 수 있기 때문에 더 이상 「서예」가 필요 없다고 말하는 사람도 있다. 그러나 서예는 언어 전달을 위한 편리함에서 나온 것은 아니다. 문자라는 언어 부호에 조형의 언어가 담겨있기 때문에 이 조형의 언어를 통하여 쓰는 이의 느낌을 보여주고 함께 나누자는 것이다.

서예는 하나의 추상예술이다. 예술이란 미를 함축하고 있어야 한다고 흔히 여기는데 서예에서는 '美'라는 말을 똑 떨어지게 정의하기가 지극히 어렵다. 회화, 조각, 건축 같은 대부분의 예술은 사람마다 정도의 차이는 있겠지만 미추를 나름대로 느낄 수 있는 데 견주어 서예는 그 미적 개념을 아는 사람이나 또는 찾으려고 노력하는 사람의 마음과 눈에만 보인다. 서예의 지고한 미를 보는 길을 찾으려면 우선 서예의 본질을 알아야 할 것이다.

서(書)자는 본디 붓이나 송곳 따위의 연장으로 금석(金石), 죽백(竹帛), 종이 같은 것에 무엇인가를 바르거나 쓰거나 또는 새기는 것을 뜻하는 동사였다. 이것이 차차 연용되면서 글씨 쓰는 일, 글씨 그 자체, 책 따위를 모두 '書'라고 하게 되었다. 전서(篆書)의 서를 뜯어보면 손으로 붓이나 송곳들을 잡고 있는 것이고 어떤 물체에 먹이나 채색을 묻히는 일로 해석된다. 이것이 예서와 해서에서는 더욱 명확히 풀이되는데 곧 다섯 손가락으로 말하는 것으로서 말하자면 '글씨는 다섯 손가락을 통하여 붓으로써 심중을 토로하는 것'이란 해석이다.

서예는 문자를 씀으로써 창출되는 예술이다. 중국 문자는 그림으로부터 출발하였다. 그 원시적인 그림문자가 차차 변화를 거듭하며 실용화, 장식화, 예술화되었고 그 과정에서 서예는 '문자(文字)를 미화한 예술'로 인식되면서 끊임없이 발전해 왔다. 한글이나 중국문자나 모두 우주 자연의 이치에서 출발하였으면, 특히 한자는 표의문자이기 때문에 글자마다 의상(意象)이나 미적인 요소를 생성할 때부터 함축하고 있었다. 그럼에도 오랫동안 실용성을 벗어나지 못하다가 서성이라 일컫는 왕희지가 예술의 기운을 불어넣게 되면서 지고한 예술성을 지닌 일문(一門)으로 발돋움하게 되었다.

서예를 중국에서는 서법(書法), 일본에서는 서도(書道)라 한다. 이 세 단어의 의미를 새겨 보면 먼저 글씨가 변화해 온 여러 가지 법을 폭넓게 익히고 도를 닦는 마음으로 글씨에 임하며 나아가 예술로 승화시키는 것이라고 생각해 볼 수 있다. 서예는 문자를 떠나서는 성립할 수 없다. 흔히 사군자나 일본의 전위(前衛) 서도 따위를 서예의 범주에 넣는데, 그것은 잘못이다.

〈歐陽詢 千字文實技 부록〉

書藝基礎理論

編著 中齋 申允九

◨ 저자 약력

아호 : 중재(中齋), 정일헌주인(精一軒主人)
성명 : 신윤구(申允九)

- 대한민국미술대전 서예부문 초대작가 심사위원 역임
- 대전광역시, 충남 서예대전 운영 및 심사위원 역임
- 안견미술대전 운영 및 심사위원 역임
- 신사임당미술대전 운영 및 심사위원 역임
- 한남대 평생교육원, 사회문화과학대학원 외래강사 역임
- 개인전3회('98, 2009, 2013)
- 충청서단 이사장역임
- 대전정부청사 서예동호회 서예강사
- 사)보문연서회 이사, 한국미협서예분과 이사

- 사)국제서법예술연합한국본부 호서지회장
- 다음카페 서예교실(http://cafe.daum.net/dongcheal)
  - 서예통신인터넷 동영상강좌

주소 : 우)35387 대전광역시 서구 계백로 1166-11
                3층 중재서실
휴대폰 : 010-9589-1066
E-mail : shinjungje@hanmail.net

歐陽詢 千字文實記
구 양 순 천 자 문 실 기

2024年 5月 15日 4쇄 인쇄

저 자 신 윤 구

발행처 ㈜이화문화출판사
발행인 이 홍 연 · 이 선 화

등록번호 제2015-000092호
주소 서울시 종로구 인사동길 12, 311호
전화 02-732-7091~3 (도서 주문처)
FAX 02-725-5153
홈페이지 www.makebook.net

값 20,000원

※ 본 책의 내용을 무단으로 복사 또는 복제할 경우,
   저작권법의 제재를 받습니다.